이화 한국어

참고서

STUDY GUIDE

이화여자대학교 언어교육원
Ewha Womans University
Ewha Language Center

이화 한국어

참고서

장세영 · 장채린 · 서효원 지음

English Version

1-1

EPRESS

이화 한국어 참고서 1-1 (English Version)

지은이 장세영 · 장채린 · 서효원

펴낸날 1판 1쇄 2015년 7월 30일
3쇄 2022년 3월 25일
펴낸이 정은경 **펴낸곳** 이화여자대학교출판문화원
주소 서울특별시 서대문구 이화여대길 52(우 03760) **등록** 1954년 7월 6일 제9-61호
전화 02) 3277-2965(편집), 02) 362-6076(마케팅)
팩스 02) 312-4312 **전자우편** press@ewha.ac.kr **홈페이지** www.ewhapress.com

번역 박경희 **감수** 최혜원
책임편집 이혜지 **디자인** 김리영 **인쇄** 한영문화사

ISBN 979-11-85909-30-1 18710
978-89-7300-875-9 (세트)
값 10,000원

* 잘못된 책은 구입처에서 바꾸어 드립니다.

* 이 도서의 국립중앙도서관 출판시도서목록(CIP)은 서지정보유통지원시스템 홈페이지(http://seoji.nl.go.kr)와 국가자료공동목록시스템 (http://www.nl.go.kr/kolisnet)에서 이용하실 수 있습니다.(CIP제어번호: CIP2015017295)

» Contents

Table of Contents

Ⓖ Grammar Ⓟ Pronunciation V&E Vocabulary & Expression FE Functional Expression Ⓓ Dialogue Ⓢ Script Ⓣ Text Tell Tell me!

Contents

How to Use This Book

『이화 한국어 참고서 1-1』 and 『이화 한국어 참고서 1-2』 are study guides for Korean-language learners, accompanying the textbooks 『이화 한국어 1-1』 and 『이화 한국어 1-2』. These study guides contain detailed explanations of the grammar, vocabulary and expressions used in the 준비합시다(Preparation), 말해 봅시다(Speaking), 들어 봅시다(Listening), and 읽고 써 봅시다(Reading & Writing) sections of each unit. Additionally, the dialogues for 말해 봅시다, the scripts for 들어 봅시다, and the texts for 읽고 써 봅시다 have all been translated into English.

준비합시다

Grammar Focus

Grammar points are clearly explained with morphological information in the table below, helping students to understand the usage of grammatical structures and various irregular forms. Adjectives are marked as A, verbs V, and nouns N. In addition, various examples are given to demonstrate grammar in use.

Focus Plus

More detailed explanations of grammar are given such as the constraints of certain forms or differences with other similar grammatical structures, to help students to reduce errors in using grammatical structures.

Pronunciation

Explanations are given for the pronunciation rules that require attention along with pronunciation examples.

Answers

Answers to the exercises in the textbook are given. Students can check the correct answers for themselves.

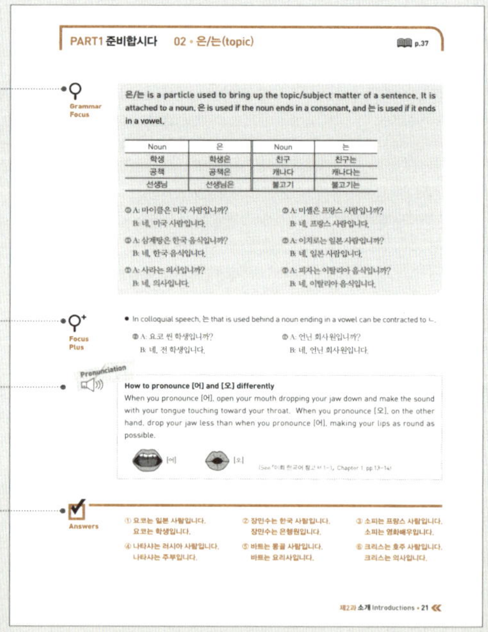
PART1 준비합시다 02 • 은/는(topic) p.37

Grammar Focus

은/는 is a particle used to bring up the topic/subject matter of a sentence. It is attached to a noun. 은 is used if the noun ends in a consonant, and 는 is used if it ends in a vowel.

Noun	은	Noun	는
학생	학생은	친구	친구는
공책	공책은	캐나다	캐나다는
선생님	선생님은	불고기	불고기는

A: 마이클은 미국 사람입니까?
B: 네, 미국 사람입니다.

A: 미셸은 프랑스 사람입니까?
B: 네, 프랑스 사람입니다.

A: 삼계탕은 한국 음식입니까?
B: 네, 한국 음식입니다.

A: 이치로는 일본 사람입니까?
B: 네, 일본 사람입니다.

A: 사라는 의사입니까?
B: 네, 의사입니다.

A: 피자는 이탈리아 음식입니까?
B: 네, 이탈리아 음식입니다.

Focus Plus

- In colloquial speech, 는 that is used behind a noun ending in a vowel can be contracted to ㄴ.

A: 요코 씬 학생입니까?
B: 네, 전 학생입니다.

A: 언닌 회사원입니까?
B: 네, 언닌 회사원입니다.

Pronunciation

How to pronounce [어] and [오] differently

When you pronounce [어], open your mouth dropping your jaw down and make the sound with your tongue touching toward your throat. When you pronounce [오], on the other hand, drop your jaw less than when you pronounce [어], making your lips as round as possible.

[어] [오]

Answers

① 요코는 일본 사람입니다. 요코는 학생입니다.
② 장민수는 한국 사람입니다. 장민수는 은행원입니다.
③ 소피는 프랑스 사람입니다. 소피는 영화배우입니다.
④ 나타샤는 러시아 사람입니다. 나타샤는 주부입니다.
⑤ 바트는 몽골 사람입니다. 바트는 요리사입니다.
⑥ 크리스는 호주 사람입니다. 크리스는 의사입니다.

제2과 소개 Introductions • 21

말해 봅시다 / 들어 봅시다 / 읽고 써 봅시다

Vocabulary & Expression

Detailed explanations of meaning and usage are given for words and expressions that are useful in daily life. Various examples are given to increase students' understanding.

Functional Expression

Explanations for functional expressions related with the topic of each section are given in such a way that students can learn to apply them in different situations.

Dialogue / Script / Text

The text for the 말해 봅시다(Speaking), 들어 봅시다(Listening), 읽고 써 봅시다(Reading & Writing) sections in the textbook have been translated into English to help students easily understand the contents.

Answers

Answers to the questions in the 들어 봅시다(Listening) and 읽고 써 봅시다(Reading & Writing) sections are given along with explanations that will help students to confirm their knowledge and understand the contents.

Tell me!

Information that is crucial for the study of Korean is given in Q&A form.

Vocabulary Check

A basic vocabulary list is given for each unit taking into account the frequency and level of difficulty of words. The words are grouped into various categories according to the overall topic of each unit, helping students to memorize the vocabulary and test themselves.

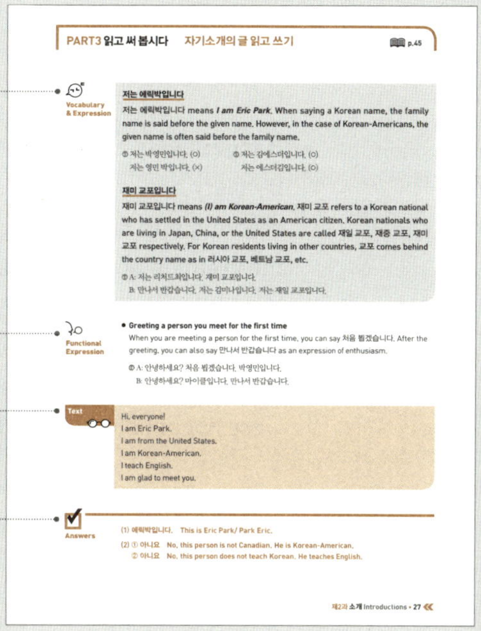

PART3 읽고 써 봅시다 자기소개의 글 읽고 쓰기 p.45

Vocabulary & Expression

저는 에릭박입니다

저는 에릭박입니다 means ***I am Eric Park***. When saying a Korean name, the family name is said before the given name. However, in the case of Korean-Americans, the given name is often said before the family name.

ⓔ 저는 박영민입니다. (O) 저는 영민 박입니다. (×)

ⓔ 저는 김에스더입니다. (O) 저는 에스더김입니다. (O)

재미 교포입니다

재미 교포입니다 means ***(I) am Korean-American***. 재미 교포 refers to a Korean national who has settled in the United States as an American citizen. Korean nationals who are living in Japan, China, or the United States are called 재일 교포, 재중 교포, 재미 교포 respectively. For Korean residents living in other countries, 교포 comes behind the country name as in 러시아 교포, 베트남 교포, etc.

ⓔ A: 저는 리처드최입니다. 재미 교포입니다.
B: 만나서 반갑습니다. 저는 김미나입니다. 저는 재일 교포입니다.

Functional Expression

- **Greeting a person you meet for the first time**
When you are meeting a person for the first time, you can say 처음 뵙겠습니다. After the greeting, you can also say 만나서 반갑습니다 as an expression of enthusiasm.

ⓔ A: 안녕하세요? 처음 뵙겠습니다. 박영민입니다.
B: 안녕하세요? 마이클입니다. 만나서 반갑습니다.

Text

Hi, everyone!
I am Eric Park.
I am from the United States.
I am Korean-American.
I teach English.
I am glad to meet you.

Answers

(1) 에릭박입니다. This is Eric Park/ Park Eric.
(2) ① 아니요 No, this person is not Canadian. He is Korean-American.
② 아니요 No, this person does not teach Korean. He teaches English.

제2과 소개 Introductions • 27

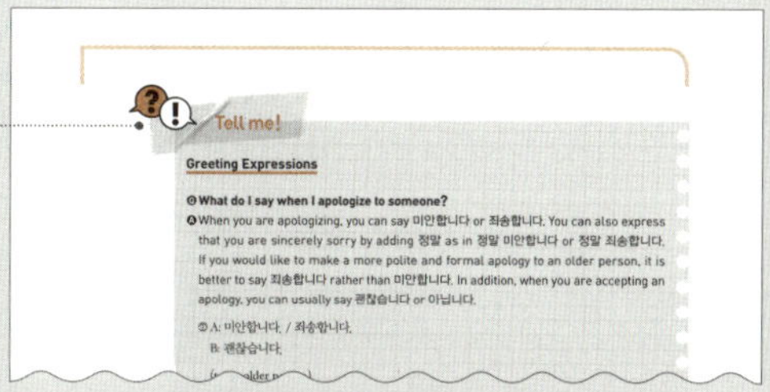

Tell me!

Greeting Expressions

ⓠ **What do I say when I apologize to someone?**

ⓐ When you are apologizing, you can say 미안합니다 or 죄송합니다. You can also express that you are sincerely sorry by adding 정말 as in 정말 미안합니다 or 정말 죄송합니다. If you would like to make a more polite and formal apology to an older person, it is better to say 죄송합니다 rather than 미안합니다. In addition, when you are accepting an apology, you can usually say 괜찮습니다 or 아닙니다.

ⓔ A: 미안합니다. / 죄송합니다.
B: 괜찮습니다.

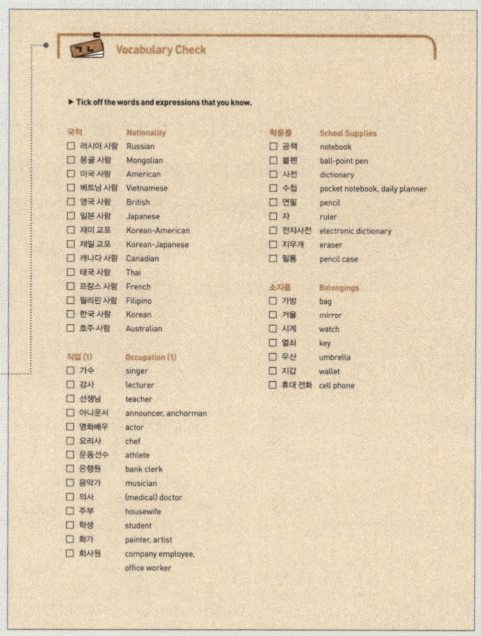

Vocabulary Check

▸ Tick off the words and expressions that you know.

국적	Nationality
☐ 러시아 사람	Russian
☐ 몽골 사람	Mongolian
☐ 미국 사람	American
☐ 베트남 사람	Vietnamese
☐ 영국 사람	British
☐ 일본 사람	Japanese
☐ 재미 교포	Korean-American
☐ 재일 교포	Korean-Japanese
☐ 캐나다 사람	Canadian
☐ 태국 사람	Thai
☐ 프랑스 사람	French
☐ 필리핀 사람	Filipino
☐ 한국 사람	Korean
☐ 호주 사람	Australian

직업 (1)	Occupation (1)
☐ 가수	singer
☐ 강사	lecturer
☐ 선생님	teacher
☐ 아나운서	announcer, anchorman
☐ 영화배우	actor
☐ 요리사	chef
☐ 운동선수	athlete
☐ 은행원	bank clerk
☐ 음악가	musician
☐ 의사	(medical) doctor
☐ 주부	housewife
☐ 학생	student
☐ 화가	painter, artist
☐ 회사원	company employee, office worker

학용품	School Supplies
☐ 공책	notebook
☐ 볼펜	ball-point pen
☐ 사전	dictionary
☐ 수첩	pocket notebook, daily planner
☐ 연필	pencil
☐ 자	ruler
☐ 전자사전	electronic dictionary
☐ 지우개	eraser
☐ 필통	pencil case

소지품	Belongings
☐ 가방	bag
☐ 거울	mirror
☐ 시계	watch
☐ 열쇠	key
☐ 우산	umbrella
☐ 지갑	wallet
☐ 휴대 전화	cell phone

p.20

The Creation of Hangeul

Hangeul was created in 1443 by Sejong the Great, the fourth king of the Joseon Dynasty and was distributed to be widely used in 1446. There were difficulties in creating and distributing Hangeul because some of the aristocrats were against the creation of new characters, insisting that it would be disruptive to learning and harmful to politics as well. Before Hangeul was created, the sound and meaning of Chinese characters had been adjusted to make it easier for Korean people to use. However, King Sejong created a whole new language system so that the people who were not able to learn difficult Chinese characters could easily use.

The Principles of Hangeul Letter Design

The Korean alphabet consists of 21 vowels and 19 consonants, for a total of 40 letters.

Vowels	ㅏ ㅐ ㅑ ㅒ ㅓ ㅔ ㅕ ㅖ ㅗ ㅘ ㅙ ㅚ ㅛ ㅜ ㅝ ㅞ ㅟ ㅠ ㅡ ㅢ ㅣ
Consonants	ㄱ ㄴ ㄷ ㄹ ㅁ ㅂ ㅅ ㅇ ㅈ ㅊ ㅋ ㅌ ㅍ ㅎ ㄲ ㄸ ㅃ ㅆ ㅉ

1. Vowels

The 3 basic vowel letters ·, ㅡ and ㅣ which represent heaven, earth, and human beings, respectively, were created first and then ㅏ, ㅓ, ㅗ and ㅜ were made by combining these 3 vowels. The vowels ㅑ, ㅕ, ㅛ and ㅠ were subsequently made by adding · to ㅏ, ㅓ, ㅗ, and ㅜ. The rest of the vowels, such as ㅘ, ㅝ, ㅙ, ㅞ were formed through combinations of existing vowels.

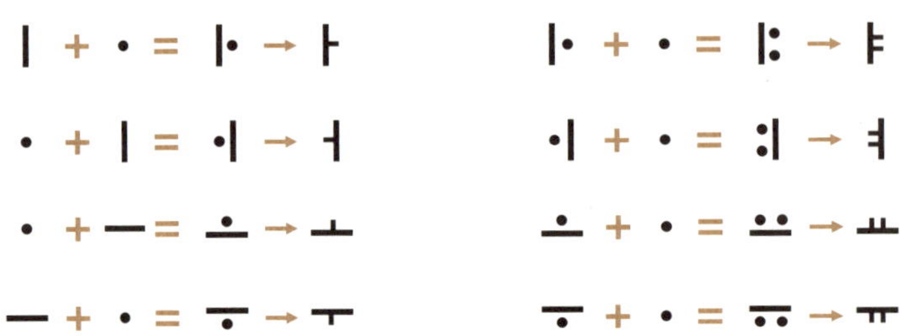

2. Consonants

The basic consonants ㄱ, ㄴ, ㅁ, ㅅ and ㅇ were made by imitating the shapes of the lips, tongue, or throat of a person when pronouncing each letter. The remaining consonants were made by adding strokes to the basic consonants or doubling them.

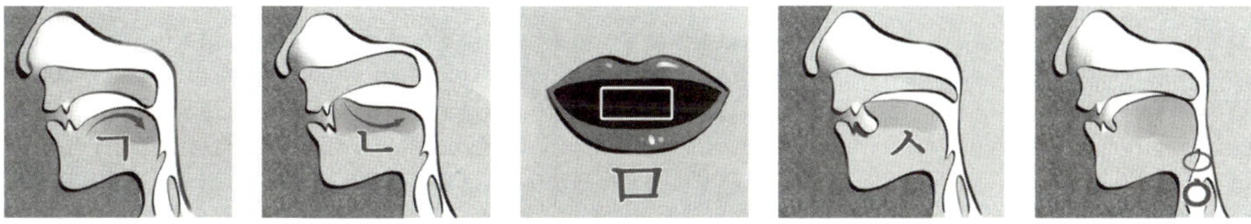

ㄱ	ㄴ	ㅁ	ㅅ	ㅇ
	ㄷ ㄹ	ㅂ	ㅈ	ㅎ
ㅋ	ㅌ	ㅍ	ㅊ	
ㄲ	ㄸ	ㅃ	ㅆ ㅉ	

Hangeul and the Structure of Syllables

Each Hangeul character is a syllabic block made up of both consonants and vowels. A consonant is found in the initial and the final position of the character and vowel in the medial position. The ordering of consonants and vowels is indicated in the diagram below.

1. Consonants + Vowels

C V	:	ㄱ ㅓ	거	ㅋ ㅕ	켜
		ㄸ ㅏ	따	ㅃ ㅕ	뼈
C / V	:	ㅇ / ㅗ	오	ㄱ / ㅜ	구
		ㄸ / ㅗ	또	ㅆ / ㅜ	쑤

2. Consonants + Vowels + Consonants

C V / C :

- ㅇ ㅑ / ㄱ → 약
- ㅅ ㅓ / ㅁ → 섬
- ㅃ ㅏ / ㅇ → 빵
- ㄲ ㅏ / ㄹ → 깔
- ㄸ ㅓ / ㄱ → 떡
- ㄱ ㅏ / ㅄ → 값
- ㄷ ㅏ / ㄺ → 닭
- ㄲ ㅏ / ㄲ → 깎
- ㄸ ㅓ / ㅆ → 떴

C / V / C :

- ㅇ / ㅗ / ㅅ → 옷
- ㄴ / ㅜ / ㄴ → 눈
- ㄲ / ㅡ / ㅌ → 끝
- ㄲ / ㅜ / ㅁ → 꿈
- ㅉ / ㅗ / ㄱ → 쪽
- ㄱ / ㅜ / ㄻ → 굶
- ㅎ / ㅡ / ㄺ → 흙
- ㄸ / ㅜ / ㅀ → 뚫

C V / C :

- ㅇ ㅗ ㅏ / ㅇ → 왕
- ㄱ ㅜ ㅓ / ㄴ → 권

p.22

Vowels

There are 21 vowels in Hangeul, 10 simple vowels and 11 compound vowels made of a combination of simple vowels.

Letter	Name	Phonetic value	Stroke order	Letter	Name	Phonetic value	Stroke order
ㅏ	아	[a]	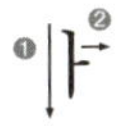	ㅑ	야	[ja]	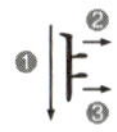
ㅓ	어	[ə]	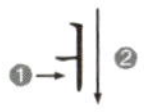	ㅕ	여	[jə]	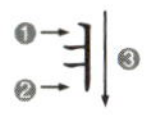
ㅗ	오	[o]	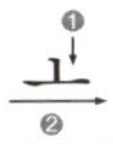	ㅛ	요	[jo]	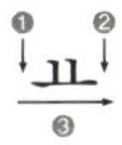
ㅜ	우	[u]	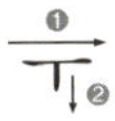	ㅠ	유	[ju]	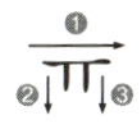
ㅡ	으	[ɨ]		ㅣ	이	[i]	
ㅐ	애	[ɛ]		ㅒ	얘	[jɛ]	
ㅔ	에	[e]		ㅖ	예	[je]	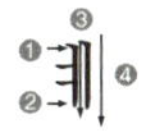
ㅘ	와	[wa]	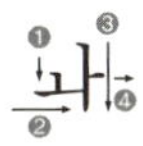	ㅙ	왜	[wɛ]	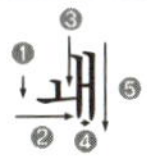
ㅚ	외	[we]		ㅝ	워	[wə]	
ㅞ	웨	[wø]	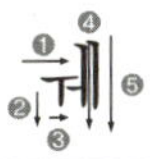	ㅟ	위	[wi]	
ㅢ	의	[ɨi]					

Pronunciation

You need to watch the shape of the lips and the location of the tongue when you pronounce vowels. Vowels are pronounced as below.

ㅏ		Open your mouth wide with your jaw relaxed.
ㅓ		Relax your lips and open your mouth a little. Your tongue should be lifted only slightly.
ㅗ		Make a shape of a small circle with your lips with your tongue in the middle of your mouth.
ㅜ		Make a shape of a small circle with your lips as in pronouncing ㅗ, but this time stick out your lips.
ㅡ	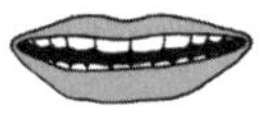	Flatten out your lips and jaw with your tongue at the back of your mouth.
ㅣ	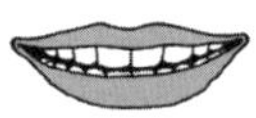	Flatten out your lips and jaw as in pronouncing ㅡ, but this time your tongue should touch the back of the bottom front teeth.
ㅐ		Open your mouth wide as in pronouncing ㅏ, but this time your tongue should touch the back of the bottom front teeth.
ㅔ		Relax your lips and open your mouth a little as in pronouncing ㅓ, but this time your tongue should touch the back of the bottom front teeth. There is not much difference between the pronunciations of ㅐ and ㅔ.

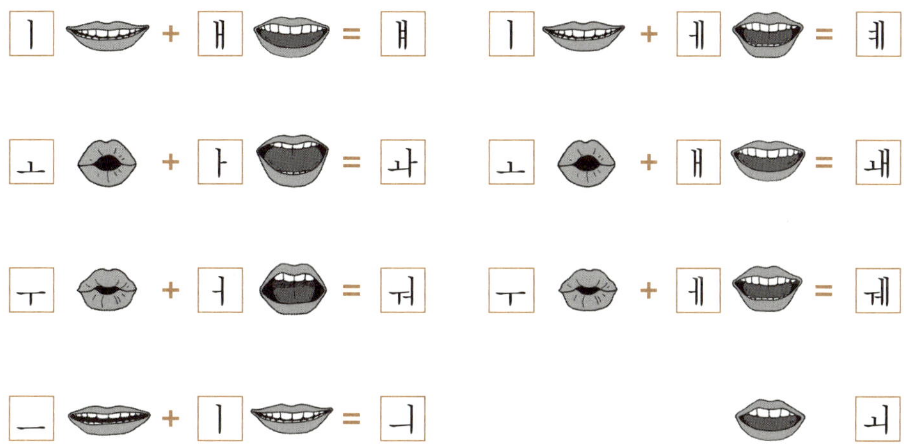

When pronouncing ㅚ, make a shape of a circle with your lips without moving your tongue. Also, there is not much difference between the pronunciations of ㅙ, ㅞ, and ㅚ.

Consonants

There are 19 consonants in Hangeul, 14 simple consonants(ㄱ, ㄴ, ㄷ, ㄹ, ㅁ, ㅂ, ㅅ, ㅇ, ㅈ, ㅊ, ㅋ, ㅌ, ㅍ, ㅎ) and 5 double consonants(ㄲ, ㄸ, ㅃ, ㅆ, ㅉ) made by doubling the simple consonants.

Letter	Name	Phonetic value	Stroke order	Letter	Name	Phonetic value	Stroke order
ㄱ	기역	[k] [g]	ㄱ	ㄴ	니은	[n]	ㄴ
ㄷ	디귿	[t] [d]	ㄷ	ㄹ	리을	[r] [l]	ㄹ
ㅁ	미음	[m]	ㅁ	ㅂ	비읍	[p] [b]	ㅂ
ㅅ	시옷	[s] [sh]	ㅅ	ㅇ	이응	-	ㅇ

ㅈ	지읒	[c]		ㅊ	치읓	[c^h]	
ㅋ	키읔	[k^h]		ㅌ	티읕	[t^h]	
ㅍ	피읖	[p^h]		ㅎ	히읗	[h]	
ㄲ	쌍기역	[kk]		ㄸ	쌍디귿	[tt]	
ㅃ	쌍비읍	[pp]		ㅆ	쌍시옷	[ss]	
ㅉ	쌍지읒	[cc]					

Final Consonants

All consonants can be used as final consonants except ㄸ, ㅃ, ㅉ.

Final consonant	Sound	Word example
ㄱ, ㅋ, ㄲ	[k]	책, 식사, 부엌, 밖, 섞다
ㄴ	[n]	산, 문, 손, 눈, 편지
ㄷ, ㅅ, ㅈ, ㅊ, ㅌ, ㅎ, ㅆ	[t]	듣다, 옷, 낮, 꽃, 끝, 파랗다, 있다
ㄹ	[l]	길, 말, 술, 쌀
ㅁ	[m]	밤, 몸, 삼, 솜
ㅂ, ㅍ	[p]	밥, 입, 잡다, 앞, 덮다
ㅇ	[ŋ]	강, 공, 방, 종, 총, 강아지

There are only seven sounds [ㄱ], [ㄴ], [ㄷ], [ㄹ], [ㅁ], [ㅂ], [ㅇ] that can be pronounced as final consonants. You should not release the air from your mouth when pronouncing final consonants.

Combined consonants such as ㄳ, ㄵ, ㄶ, ㄼ, ㄽ, ㄾ, ㅀ, ㅄ, ㄺ, ㄻ, ㄿ can be also used as final consonants.

Pronounced as the first consonant	ㄳ	[k]	넋
	ㄵ, ㄶ	[n]	앉다, 많다
	ㄼ, ㄽ, ㄾ, ㅀ	[l]	넓다, 외곬, 핥다, 앓다
	ㅄ	[p]	없다
Pronounced as the second consonant	ㄺ	[k]	읽다
	ㄻ	[m]	삶
	ㄼ, ㄿ	[p]	밟다, 읊다

Combined consonants are pronounced as either the sound of the first consonant or that of the second consonant, as indicated in the table above.

p.32

Basic Structure of a Sentence

Korean sentences usually follow the order of subject + object + verb(predicate). It differs from the order of English sentences, which is subject + predicate + object. The following sentences are examples.

ex 요코가 예쁩니다. (subject + predicate)
요코가 책을 읽습니다. (subject + object + predicate)
요코가 학교에 갑니다. (subject + adverb + predicate)

The order of Korean sentences is relatively flexible as the order of the subject and object can be switched. This is possible because there are particles with grammatical functions in the Korean language. The following sentences are examples.

ex 요코가 책을 읽습니다. (subject + object + predicate)
책을 요코가 읽습니다. (object + subject + predicate)
요코가 선물을 친구에게 주었습니다. (subject + object + adverb + predicate)
요코가 친구에게 선물을 주었습니다. (subject + adverb + object + predicate)

However, when particles are omitted, as shown in the following examples, the order of parts of a sentence does not change from the subject + object + predicate order.

ex 나는 민호를 좋아해. (I like Minho.) (○)
나 민호 좋아해. (I like Minho.) (○)
민호 나 좋아해. (Minho likes me.) (×)

How to End a Sentence

There are different types of sentences in the Korean language depending on the endings. There are various kinds of endings such as –ㅂ/습니다, –ㅂ/습니까?, –(으)ㅂ시다, –(으)세요.

ex 마이클 씨가 학교에 갑니다. (a declarative sentence)

ex 마이클 씨가 학교에 갑니까? (an interrogative sentence)

ex 마이클 씨, 학교에 갑시다. (a propositive sentence)

ex 마이클 씨, 학교에 가세요. (an imperative sentence)

Vocabulary Check

▶ **Tick off the words and expressions that you know.**

Vowels (1) (p.23)

- ☐ 오 five
- ☐ 이 two
- ☐ 오이 cucumber
- ☐ 아이 child
- ☐ 우유 milk
- ☐ 여우 fox

Consonants (1) (p.25)

- ☐ 나무 tree
- ☐ 사자 lion
- ☐ 바지 pants
- ☐ 허리 waist
- ☐ 구두 shoe
- ☐ 머리 head, hair
- ☐ 비누 soap
- ☐ 바나나 banana

Vowels (2) (p.27)

- ☐ 개 dog
- ☐ 시계 watch
- ☐ 사과 apple
- ☐ 돼지 pig
- ☐ 회사 company
- ☐ 웨이터 waiter
- ☐ 가위 scissors
- ☐ 의사 (medical) doctor
- ☐ 귀 ear
- ☐ 추워요 it's cold

Consonants (2) (p.29)

- ☐ 토끼 rabbit
- ☐ 찌개 stew
- ☐ 코끼리 elephant
- ☐ 아빠 dad
- ☐ 꼬리 tail
- ☐ 짜다 to be salty
- ☐ 쓰다 to write
- ☐ 예쁘다 to be pretty
- ☐ 차다 to kick
- ☐ 타다 to ride

Final Consonants (p.31)

- ☐ 책 book
- ☐ 부엌 kitchen
- ☐ 밖 outside
- ☐ 산 mountain
- ☐ 듣다 to listen
- ☐ 옷 clothes
- ☐ 낮 daytime
- ☐ 꽃 flower
- ☐ 끝 end
- ☐ 말 horse
- ☐ 섬 island
- ☐ 몸 body
- ☐ 밥 meal, rice
- ☐ 앞 front
- ☐ 공 ball
- ☐ 방 room

PART1 준비합시다 01 • 입니다, 입니까

p.36

Grammar Focus

입니다 is a formal and honorific ending that is usually attached to a noun representing things, people, nationality, etc. It is equivalent to 'to be' verb in English and functions as a predicate of a sentence. The interrogative form is 입니까. 입니다 or 입니까 is used whether the noun ends in a consonant or a vowel.

Basic form	입니다	입니까
우산이다	우산입니다	우산입니까
학생이다	학생입니다	학생입니까
빵이다	빵입니다	빵입니까
모자이다	모자입니다	모자입니까
친구이다	친구입니다	친구입니까
사과이다	사과입니다	사과입니까

ex A: 책입니까?
B: 네, 책입니다.

ex A: 가방입니까?
B: 네, 가방입니다.

ex A: 무엇입니까?
B: 필통입니다.

ex A: 무엇입니까?
B: 꽃입니다.

ex A: 커피입니까?
B: 네, 커피입니다.

ex A: 시계입니까?
B: 네, 시계입니다.

ex A: 지우개입니까?
B: 네, 지우개입니다.

ex A: 의사입니까?
B: 네, 의사입니다.

Focus Plus

- In colloquial speech, 입니다 or 입니까 used behind a noun ending in a vowel can be contracted to ㅂ니다 or ㅂ니까.

ex A: 친굽니까?
B: 네, 친굽니다.

ex A: 언닙니까?
B: 네, 언닙니다.

Answers

① A: 책상입니까?
B: 네, 책상입니다.

② A: 의자입니까?
B: 네, 의자입니다.

③ A: 가방입니까?
B: 네, 가방입니다.

④ A: 공책입니까?
B: 네, 공책입니다.

⑤ A: 전화입니까?
B: 네, 전화입니다.

⑥ A: 연필입니까?
B: 네, 연필입니다.

Grammar Focus

은/는 is a particle used to bring up the topic/subject matter of a sentence. It is attached to a noun. 은 is used if the noun ends in a consonant, and 는 is used if it ends in a vowel.

Noun	은	Noun	는
학생	학생은	친구	친구는
공책	공책은	캐나다	캐나다는
선생님	선생님은	불고기	불고기는

ex A: 마이클은 미국 사람입니까?
B: 네, 미국 사람입니다.

ex A: 삼계탕은 한국 음식입니까?
B: 네, 한국 음식입니다.

ex A: 사라는 의사입니까?
B: 네, 의사입니다.

ex A: 미셸은 프랑스 사람입니까?
B: 네, 프랑스 사람입니다.

ex A: 이치로는 일본 사람입니까?
B: 네, 일본 사람입니다.

ex A: 피자는 이탈리아 음식입니까?
B: 네, 이탈리아 음식입니다.

Focus Plus

- In colloquial speech, 는 that is used behind a noun ending in a vowel can be contracted to ㄴ.

ex A: 요코 씬 학생입니까?
B: 네, 전 학생입니다.

ex A: 언닌 회사원입니까?
B: 네, 언닌 회사원입니다.

Pronunciation

How to pronounce [어] and [오] differently

When you pronounce [어], open your mouth dropping your jaw down and make the sound with your tongue touching toward your throat. When you pronounce [오], on the other hand, drop your jaw less than when you pronounce [어], making your lips as round as possible.

[어]

[오]

(See「이화 한국어 참고서 1-1」 Chapter 1, pp.13-14)

Answers

① 요코는 일본 사람입니다.
요코는 학생입니다.

② 장민수는 한국 사람입니다.
장민수는 은행원입니다.

③ 소피는 프랑스 사람입니다.
소피는 영화배우입니다.

④ 나타샤는 러시아 사람입니다.
나타샤는 주부입니다.

⑤ 바트는 몽골 사람입니다.
바트는 요리사입니다.

⑥ 크리스는 호주 사람입니다.
크리스는 의사입니다.

Vocabulary & Expression

어느 나라

어느 나라 means ***which country*** out of many countries in the world. 어느 나라 사람입니까? means 'Which(what) country are you from?', where 어느 is used to ask which the target object is out of many candidates. 어느 comes in front of nouns representing things, people, or places.

ex A: 어느 나라 사람입니까?
B: 저는 한국 사람입니다.

ex A: 어느 것이 한국어 책입니까?
B: 이것이 한국어 책입니다.

Functional Expression

- **Greetings**

안녕하십니까? and 안녕하세요? are greetings used to greet people who are older than you or superior in status. 안녕? is an informal, intimate greeting used to greet younger people or those of an equivalent or lower status compared to you. When departing, you can say 안녕히 가세요 to a person who is leaving, 안녕히 계세요 to a person who is staying, and 안녕 or 잘 가 to a person who is younger or lower in status.

ex A: 선생님, 안녕하세요?
B: 요코 씨, 안녕하세요?

ex A: 선생님, 안녕히 계세요.
B: 요코 씨, 안녕히 가세요.

ex A: 마이클, 안녕?
B: 안녕? 요코.

ex A: 마이클, 안녕.
B: 잘 가, 요코.

- **Introducing your name**

When introducing your name, you can start with 저는 or 제 이름은 and put your name right after that. You can also just say your name without 저는 or 제 이름은.

ex 저는 김수진입니다. / 제 이름은 김수진입니다. / 김수진입니다.

- **Asking someone's nationality**

When asking about a person's nationality, you usually ask with questions such as 어디에서 왔습니까?, 어느 나라 사람입니까?, or 어느 나라에서 왔습니까?.

ex A: 어디에서 왔습니까? / 어느 나라 사람입니까? / 어느 나라에서 왔습니까?
B: 미국에서 왔습니다. / 미국 사람입니다.

Dialogue

Park Yeongmin	Hello. I am Yeongmin Park.
Yoko	Hello. I am Yoko.
Park Yeongmin	What country are you from?
Yoko	I am Japanese.
Park Yeongmin	Are you a student, Yoko?
Yoko	Yes, I am a student.
Park Yeongmin	I work at a company.

p.40

Grammar Focus

이/가 아닙니다 is the negative form of 입니다. It is attached to a noun representing things, people, or nationality. 이 아닙니다 is used if the noun ends in a consonant, and 가 아닙니다 is used if it ends in a vowel.

Basic form	이 아닙니다	Basic form	가 아닙니다
학생이다	학생이 아닙니다	친구이다	친구가 아닙니다
책상이다	책상이 아닙니다	의자이다	의자가 아닙니다

ex A: 사전입니까?
B: 아니요, 사전이 아닙니다. 공책입니다.

ex A: 마이클 씨, 은행원입니까?
B: 아니요, 은행원이 아닙니다. 학생입니다.

ex A: 요코 씨는 주부입니까?
B: 아니요, 주부가 아닙니다. 학생입니다.

ex A: 왕단 씨, 일본 사람입니까?
B: 아니요, 일본 사람이 아닙니다. 중국 사람입니다.

ex A: 우유입니까?
B: 아니요, 우유가 아닙니다. 커피입니다.

ex A: 민호 씨는 요리사입니까?
B: 아니요, 요리사가 아닙니다. 회사원입니다.

Focus Plus

- When asked a N이/가 아닙니까? question, you can answer with either 네, N이/가 아닙니다, 아니요, N입니다 or 아니요, N이/가 맞습니다.

ex A: 학생이 아닙니까?
B: 네, 학생이 아닙니다.

ex A: 학생이 아닙니까?
B: 아니요, 학생입니다.
(= 아니요, 학생이 맞습니다)

Answers

① A: 요코 씨는 가수입니까?
B: 아니요, 가수가 아닙니다. 학생입니다.

② A: 장민호 씨는 영화배우입니까?
B: 아니요, 영화배우가 아닙니다. 은행원입니다.

③ A: 티엔 씨는 태국 사람입니까?
B: 아니요, 태국 사람이 아닙니다. 베트남 사람입니다.

④ A: 크리스 씨는 영국 사람입니까?
B: 아니요, 영국 사람이 아닙니다. 호주 사람입니다.

⑤ A: 나타샤 씨는 미국 사람입니까?
B: 아니요, 미국 사람이 아닙니다. 러시아 사람입니다.

p.41

Grammar Focus

Sino-Korean numerals are used when talking about phone numbers and bus or subway line numbers, as well as the numbers of classrooms, offices, apartments, or building floors.

0	1	2	3	4	5	6	7	8	9	10
공/영	일	이	삼	사	오	육	칠	팔	구	십
	11	12	13	14	15	16	17	18	19	20
	십일	십이	십삼	십사	십오	십육	십칠	십팔	십구	이십

ex A: 민수 씨 전화번호는 무엇입니까?
B: 삼이오에 일칠공일입니다. (325–1701)

ex A: 학교 전화번호는 무엇입니까??
B: 공이에 팔구이구에 삼육구오입니다. (02–8929–3695)

ex A: 마이클 씨, 휴대 전화 번호가 무엇입니까?
B: 공일공에 육삼오팔에 구구칠사입니다. (010–6358–9974)

ex A: 교실이 몇 층입니까?
B: 삼 층입니다. (3층)

Focus Plus

- When saying the number of a mobile phone, home phone, or office phone, the hyphen '–' is usually pronounced 에.

ex A: 전화번호는 무엇입니까?
B: 공일공에 삼사오이에 일구이팔입니다. (010–3452–1928)

ex A: 전화번호는 무엇입니까?
B: 오칠일에 사오이구입니다. (571–4529)

- There are different area codes for different regions. The most commonly used ones are 02 for Seoul, 032 for Incheon, and 051 for Busan. You must dial the area code in order to call another area with a different area code.

ex A: 부산호텔 전화번호는 무엇입니까?
B: 공오일에 칠이삼에 구공오사입니다. (051–723–9054)

Answers

① A: 요코 씨 전화번호는 무엇입니까?
B: 공일공에 사삼오삼에 구구칠칠입니다.

② A: 나타샤 씨 전화번호는 무엇입니까?
B: 공일일에 이팔공일에 육육팔구입니다.

③ A: 김수진 씨 전화번호는 무엇입니까?
B: 공이에 삼삼칠사에 구칠육오입니다.

④ A: 박영민 씨 전화번호는 무엇입니까?
B: 공삼일에 이이팔에 일칠공오입니다.

⑤ A: 왕카이 씨 전화번호는 무엇입니까?
B: 공칠공에 이칠육에 삼오팔일입니다.

⑥ A: 서울여행사 전화번호는 무엇입니까?
B: 일오팔팔에 일일칠칠입니다.

Vocabulary & Expression

베트남 사람입니다.

베트남 사람입니다 means *(I) am Vietnamese*. Nationality is usually expressed by putting 사람 behind the name of the country or sometimes by putting the Sino-Korean word 인 instead of 사람. 인 is attached to the Sino-Korean country names such as 한국, 일본, 중국, 외국 without any space in between, as in 한국인, 일본인, 중국인, 외국인. When 인 is attached to non-Sino-Korean, loanword names, a space is recommended to be placed between the country name such as 프랑스, 러시아 and 인, as in 프랑스 인, 러시아 인, but can often be omitted as in 프랑스인, 러시아인.

ex A: 요코 씨, 어느 나라 사람입니까?
B: 일본 사람입니다.

ex A: 나타샤 씨, 왕카이 씨는 일본인입니까?
B: 아니요, 일본인이 아닙니다. 중국인입니다.

ex A: 이치로 씨, 미셸 씨는 러시아 사람입니까?
B: 아니요, 러시아 인이 아닙니다. 프랑스 인입니다.

Functional Expression

- **Asking and answering about someone's occupation**

When asking about the occupation of a person that you have just met, you can ask 무슨 일을 합니까? or 직업이 무엇입니까?. Typical answers would include N입니다, N에 다닙니다, or N에서 일합니다.

ex A: 무슨 일을 합니까? / 직업이 무엇입니까?
B: 회사원입니다. / 회사에 다닙니다. / 회사에서 일합니다.

- **Responding to someone**

When responding to a fact that they have never heard before, people often say 그렇군요, 아, 그래요?, or 아, 그렇습니까?.

ex A: 마이클 씨, 어느 나라 사람입니까?
B: 미국 사람입니다.
A: 그렇군요. / 아, 그래요? / 아, 그렇습니까?

Dialogue

Natasha	Hi! I am Natasha.
Tien	Hello! I am Tien.
Natasha	Are you from the Philippines, Tien?
Tien	No, I am not a Filipino. I am from Vietnam.
Natasha	Oh, is that so? What do you for a living, Tien?
Tien	I am a student. What do you do for a living, Natasha?
Natasha	I am a housewife. I'm glad to meet you.
Tien	Glad to meet you too.

Vocabulary & Expression

김 선생님

김 선생님 means ***Mr.(Ms.) Kim***, and used to address a teacher with the last name 김. Both the last name and the first name can come in front of 선생님, a job title, or you can use only the last name as in 김 선생님.

ex A: 박 선생님, 안녕하세요?
B: 안녕하세요? 마이클 씨.

ex A: 안녕하세요? 최은미 선생님.
B: 요코 씨, 안녕하세요?

몇 층, 몇 호

몇 층 and 몇 호 means ***what floor and what room number***. 몇 is used with unit nouns usually in questions as in 몇 층입니까?, 몇 호입니까?, 몇 명입니까?. Sino-Korean numerals such as 일, 이, 삼, 사 are used for phone numbers, subway line numbers, floor numbers, or room numbers, whereas native Korean numerals such as 하나, 둘, 셋, 넷 are used with unit nouns that count people or things.

ex A: 사무실이 몇 층입니까?
B: 육층입니다. (6층입니다.)

ex A: 가족이 몇 명입니까?
B: 다섯 명입니다. (5명입니다.)

Functional Expression

- **Saying thank you**

When expressing gratitude to another person, you say 고맙습니다, 감사합니다, or 고마워요. When it comes to 감사하다, the formal and polite expression, 감사합니다 is more appropriate in many cases.

ex A: 선생님, 고맙습니다. / 감사합니다, 선생님.
B: 아닙니다.

ex A: 요코 씨, 고마워요.
B: 별말씀을요, 선생님.

Script

Tien	Hello, Michael.
Michael	Hi, Tien!
Tien	Is Mr. Kim's office on the second floor?
Michael	No, it's on the third floor.
Tien	What room number is his office on the third floor?
Michael	It's office no. 13 on the third floor.
Tien	What is Mr. Kim's phone number?
Michael	It's 010–4372–1586.
Tien	Thanks, I appreciate it.

Answers

(1) ② Mr. Kim's office is room number 13 on the third floor.

(2) 010–4372–1586

Vocabulary & Expression

저는 에릭박입니다

저는 에릭박입니다 means ***I am Eric Park***. When saying a Korean name, the family name is said before the given name. However, in the case of Korean-Americans, the given name is often said before the family name.

ex 저는 박영민입니다. (O)
저는 영민 박입니다. (×)

ex 저는 김에스더입니다. (O)
저는 에스더김입니다. (O)

재미 교포입니다

재미 교포입니다 means ***(I) am Korean-American***. 재미 교포 refers to a Korean national who has settled in the United States as an American citizen. Korean nationals who are living in Japan, China, or the United States are called 재일 교포, 재중 교포, 재미 교포 respectively. For Korean residents living in other countries, 교포 comes behind the country name as in 러시아 교포, 베트남 교포, etc.

ex A: 저는 리처드최입니다. 재미 교포입니다.
B: 만나서 반갑습니다. 저는 김미나입니다. 저는 재일 교포입니다.

Functional Expression

- **Greeting a person you meet for the first time**

  When you are meeting a person for the first time, you can say 처음 뵙겠습니다. After the greeting, you can also say 만나서 반갑습니다 as an expression of enthusiasm.

  ex A: 안녕하세요? 처음 뵙겠습니다. 박영민입니다.
  B: 안녕하세요? 마이클입니다. 만나서 반갑습니다.

Text

Hi, everyone!
I am Eric Park.
I am from the United States.
I am Korean-American.
I teach English.
I am glad to meet you.

Answers

(1) 에릭박입니다. This is Eric Park/ Park Eric.

(2) ① 아니요 No, this person is not Canadian. He is Korean-American.
② 아니요 No, this person does not teach Korean. He teaches English.

Tell me!

Greeting Expressions

Q What do I say when I apologize to someone?

A When you are apologizing, you can say 미안합니다 or 죄송합니다. You can also express that you are sincerely sorry by adding 정말 as in 정말 미안합니다 or 정말 죄송합니다. If you would like to make a more polite and formal apology to an older person, it is better to say 죄송합니다 rather than 미안합니다. In addition, when you are accepting an apology, you can usually say 괜찮습니다 or 아닙니다.

ex A: 미안합니다. / 죄송합니다.
B: 괜찮습니다.

(to an older person)
ex A: 죄송합니다. / 정말 죄송합니다.
B: 괜찮습니다. / 아닙니다.

Q How do I say congratulations on a someone's birthday or wedding?

A When another person has something to celebrate, you can congratulate the person by saying 축하합니다 or 축하드립니다. The person who was congratulated can express gratitude by saying 고맙습니다 or 감사합니다.

ex A: 생일 축하합니다.
B: 고맙습니다.

ex A: 결혼 축하드립니다.
B: 감사합니다.

Q How do I express my gratitude before meals?

A You can say 잘 먹겠습니다 or 감사히 먹겠습니다 at a dining table right before you start to eat, meaning 'I will enjoy the food with appreciation'.

(right before eating)
ex A: 잘 먹겠습니다.
B: 네, 맛있게 드세요.

ex Guest: 감사히 먹겠습니다.
Host: 네, 많이 드세요.

Vocabulary Check

▶ **Tick off the words and expressions that you know.**

국적 Nationality

- ☐ 러시아 사람 Russian
- ☐ 몽골 사람 Mongolian
- ☐ 미국 사람 American
- ☐ 베트남 사람 Vietnamese
- ☐ 영국 사람 British
- ☐ 일본 사람 Japanese
- ☐ 재미 교포 Korean-American
- ☐ 재일 교포 Korean-Japanese
- ☐ 캐나다 사람 Canadian
- ☐ 태국 사람 Thai
- ☐ 프랑스 사람 French
- ☐ 필리핀 사람 Filipino
- ☐ 한국 사람 Korean
- ☐ 호주 사람 Australian

직업 (1) Occupation (1)

- ☐ 가수 singer
- ☐ 강사 lecturer
- ☐ 선생님 teacher
- ☐ 아나운서 announcer, anchorman
- ☐ 영화배우 actor
- ☐ 요리사 chef
- ☐ 운동선수 athlete
- ☐ 은행원 bank clerk
- ☐ 음악가 musician
- ☐ 의사 (medical) doctor
- ☐ 주부 housewife
- ☐ 학생 student
- ☐ 화가 painter, artist
- ☐ 회사원 company employee, office worker

학용품 School Supplies

- ☐ 공책 notebook
- ☐ 볼펜 ball-point pen
- ☐ 사전 dictionary
- ☐ 수첩 pocket notebook, daily planner
- ☐ 연필 pencil
- ☐ 자 ruler
- ☐ 전자사전 electronic dictionary
- ☐ 지우개 eraser
- ☐ 필통 pencil case

소지품 Belongings

- ☐ 가방 bag
- ☐ 거울 mirror
- ☐ 시계 watch
- ☐ 열쇠 key
- ☐ 우산 umbrella
- ☐ 지갑 wallet
- ☐ 휴대 전화 cell phone

Grammar Focus

-습니다 is a formal and honorific ending that is attached to an adjective or a verb. It is used when politely talking to another person who is usually older or higher in status compared to the speaker in a formal occasion. You can also use it to a person you have just met. The interrogative form is -습니까. -습니다 or -습니까 is used if the stem of the adjective or verb ends in a consonant, while -ㅂ니다 or -ㅂ니까 is used if it ends in the consonant ㄹ or a vowel.

Basic form	-ㅂ/습니다	-ㅂ/습니까
싸다	쌉니다	쌉니까
작다	작습니다	작습니까
가다	갑니다	갑니까
먹다	먹습니다	먹습니까
공부하다	공부합니다	공부합니까

ex A: 예쁩니까?
B: 네, 예쁩니다.

ex A: 많습니까?
B: 네, 많습니다.

ex A: 배웁니까?
B: 네, 배웁니다.

ex A: 읽습니까?
B: 네, 읽습니다.

ex A: 숙제합니까?
B: 네, 숙제합니다.

ex A: 샤워합니까?
B: 네, 샤워합니다.

Focus Plus

- 입니다, 입니까, or 이/가 아닙니다 is used behind a noun. (See 『이화 한국어 1-1』 Chapter 2, p.36)

  ex A: 선생님은 미국 사람입니까?
  B: 아니요, 미국 사람이 아닙니다. 한국 사람입니다.

- A/Vㅂ/습니다 or A/Vㅂ/습니까 is usually used when formality is needed, such as in company interviews, formal meetings, speech in formal situations, or television news.

  ex A: 자기소개 부탁드립니다.
  B: 안녕하십니까? 저는 마이클입니다. 미국에서 왔습니다.

Answers

① A: 운동합니까?
B: 네, 운동합니다.

② A: 먹습니까?
B: 네, 먹습니다.

③ A: 전화합니까?
B: 네, 전화합니다.

④ A: 쉽니까?
B: 네, 쉽니다.

⑤ A: 비쌉니까?
B: 네, 비쌉니다.

⑥ A: 맛있습니까?
B: 네, 맛있습니다.

Grammar Focus

이/가 is a subject particle that introduces the subject of a sentence. It indicates a subject that is doing a certain action or a target that is in a certain state. It is attached to a noun, and 이 is used if the noun ends in a consonant, while 가 is used if it ends in a vowel.

Noun	이	Noun	가
책	책이	영화	영화가
미셸	미셸이	요코	요코가
학생	학생이	친구	친구가

ex A: 옷이 쌉니까?
B: 아니요, 옷이 비쌉니다.

ex A: 연필이 많습니까?
B: 네, 연필이 많습니다.

ex A: 열쇠가 있습니까?
B: 아니요, 없습니다.

ex A: 가방이 작습니까?
B: 네, 가방이 작습니다.

ex A: 아이가 잡니까?
B: 네, 잡니다.

ex A: 마이클 씨가 미국 사람입니까?
B: 네, 미국 사람입니다.

Focus Plus

- 누구 and 저 followed by the subject particle 가 become 누가 and 제가, respectively.

ex 누가 옵니까? (○)
누구가 옵니까? (×)

ex 제가 회사원입니다. (○)
저가 회사원입니다. (×)

- 이/가 is used when referring to someone or something that has not been mentioned in the previous context or conversation. On the other hand, 은/는 is used when referring to someone or something mentioned earlier or shared by the listener and speaker in the previous context.

ex A: 요코 씨, 언니가 있습니까?
B: 네, 있습니다.
A: 언니는 무슨 일을 합니까?
B: 언니는 회사원입니다.

Answers

① 요코가 잡니다.
② 미셸이 갑니다.
③ 아이가 옵니다.
④ 빵이 맛있습니다.
⑤ 모자가 쌉니다.
⑥ 바지가 작습니다.

Grammar Focus

을/를 is an object particle that introduces the object of a sentence. It usually indicates the object of an action in a sentence. It is attached to a noun, and 을 is used if the noun ends in a consonant, while 를 is used if it ends in a vowel.

Noun	을	Noun	를
음악	음악을	주스	주스를
김밥	김밥을	영화	영화를
선생님	선생님을	친구	친구를

ex A: 이치로 씨, 무엇을 먹습니까?
B: 비빔밥을 먹습니다.

ex A: 영민 씨, 누구를 만납니까?
B: 선생님을 만납니다.

ex A: 마이클 씨, 우유를 마십니까?
B: 네, 우유를 마십니다.

ex A: 티엔 씨, 드라마를 좋아합니까?
B: 네, 드라마를 좋아합니다.

Focus Plus

- Verbs such as 공부하다, 운동하다, and 숙제하다 can be replaced with 공부를 하다, 운동을 하다, and 숙제를 하다 without any difference in meaning.

ex A: 요코가 무엇을 합니까?
B: 공부합니다. (= 공부를 합니다)

ex A: 마이클은 무엇을 합니까?
B: 운동합니다. (= 운동을 합니다)

- The object particle 을/를 can be omitted in spoken language.

ex A: 요코가 뭐 합니까? (= 무엇을 합니까)
B: 영화 봅니다. (= 영화를 봅니다)

Pronunciation

How to pronounce 인터넷을 합니다

When pronouncing 인터넷을 in 인터넷을 합니다, you should say [인터네슬] instead of [인터네들]. When 인터넷 is attached to a vowel-initial particle such as 에, 이, 에서, or 으로, the final consonant ㅅ is transferred to the next syllable to become the first sound.

ex A: 지금 무엇을 합니까? [무어슬]
B: 인터넷을 합니다. [인터네슬]

Answers

① A: 마이클이 무엇을 합니까?
B: 영화를 봅니다.

② A: 나타샤가 무엇을 합니까?
B: 신문을 읽습니다.

③ A: 요코가 무엇을 합니까?
B: 옷을 입습니다.

④ A: 진차오가 무엇을 합니까?
B: 커피를 마십니다.

⑤ A: 티엔이 무엇을 합니까?
B: 친구를 기다립니다.

⑥ A: 리처드가 무엇을 합니까?
B: 컴퓨터를 배웁니다.

Vocabulary & Expression

조금

조금 means ***a little bit***. 조금 in this case expresses the degree of what the predicate is saying and means the degree is quite little. 좀 is short for 조금. When you want to express a large degree, 아주, 정말, etc. can be used.

ex 한국 음식이 아주 맛있습니다. 그렇지만 조금 맵습니다.

ex 한국어 수업이 정말 재미있습니다. 그렇지만 조금 어렵습니다.

요즘

요즘 means ***these days***. It indicates the time from the very recent past up until now.

ex A: 요즘 무엇을 배웁니까?
B: 태권도를 배웁니다.

Functional Expression

- **Asking and answering about life in Korea**

When you want to ask how life in Korea is, you can say 한국 생활이 어떻습니까?. You can also ask about 한국어 공부, 한국어 수업, or 한국 음식 by using N이/가 어떻습니까?. 어떻습니까? is used when you want to ask what the other person is feeling or thinking. 어때요? can also be used instead of 어떻습니까?. When you are asked 한국 생활이 어떻습니까?, you can respond with answers such as 좋습니다(I like it.), 즐겁습니다(I enjoy it.), 재미있습니다(It's fun.), 재미없습니다(It's not fun.), or 외롭습니다(I feel lonely.).

ex A: 한국 생활이 어떻습니까?
B: 한국 생활이 재미있습니다.

ex A: 한국 생활이 어때요?
B: 좋습니다. /
즐겁습니다.

Dialogue

Wangkai	How is living in Korea, Michael?
Michael	It's fun.
Wangkai	What do you do these days?
Michael	I am learning Korean.
Wangkai	Is studying Korean fun?
Michael	Yes, it's interesting, but it's a little difficult.

Grammar Focus

When talking about months, you can add 월 after Sino-Korean numerals (See 「이화 한국어 1-1」 Chapter 2, p.41) and say 일월, 이월, 삼월. When talking about days, you can add 일 after Sino-Korean numerals and say 일일, 이일, 삼일. However, for 6월 and 10월, you should be careful with the spelling and pronunciation, since 6월 and 10월 can be written and pronounced 유월 and 시월.

일, 이, 삼, 사…… + 월

1월	2월	3월	4월	5월	6월
일월	이월	삼월	사월	오월	유월
7월	8월	9월	10월	11월	12월
칠월	팔월	구월	시월	십일월	십이월

일, 이, 삼, 사…… + 일

1월	2일	3일	4일	5일	6일	7일	8일
일 일	이 일	삼 일	사 일	오 일	육 일	칠 일	팔 일
9일	10일	11일	15일	20일	25일	30일	31일
구 일	십 일	십일 일	십오 일	이십 일	이십오 일	삼십 일	삼십일 일

ex A: 오늘이 며칠입니까?
B: 삼월 이십오 일입니다.

ex A: 내일은 며칠입니까?
B: 사월 삼십 일입니다.

ex A: 결혼식이 언제입니까?
B: 시월 십구 일입니다.

ex A: 문화 수업이 며칠입니까?
B: 유월 오 일입니다.

Focus Plus

- 며칠 is always used instead of 몇 일, whereas 몇 월 and 몇 년 are used for 몇 월(what month) and 몇 년(what year).

ex 오늘이 며칠입니까? (○)
오늘이 몇 일입니까? (×)

ex A: 요코 씨의 생일이 몇 월입니까?
B: 8월입니다.

Answers

① A: 설날이 언제입니까?
B: 일월 일 일입니다.

② A: 시험이 언제입니까?
B: 사월 십구 일입니다.

③ A: 친구 결혼식이 언제입니까?
B: 유월 삼십 일입니다.

④ A: 문화 수업이 언제입니까?
B: 시월 칠 일입니다.

⑤ A: 크리스마스가 언제입니까?
B: 십이월 이십오 일입니다.

⑥ A: 졸업식이 언제입니까?
B: 이월 이십사 일입니다.

Grammar Focus

에 is a particle that is usually attached to a noun representing a location and indicates destination. It is used with verbs such as 가다, 오다, 다니다 that represent coming and going. Whether the noun it is attached to ends in a consonant or a vowel, 에 maintains the same form.

Noun	에	Noun	에
사무실	사무실에	회사	회사에
영화관	영화관에	호주	호주에
베트남	베트남에	기숙사	기숙사에

ex A: 요코 씨가 어디에 갑니까?
B: 선생님 사무실에 갑니다.

ex A: 이치로 씨는 어디에 갑니까?
B: 도서관에 갑니다.

ex A: 미셸 씨가 언제 한국에 옵니까?
B: 내일 한국에 옵니다.

ex A: 요코 씨는 무슨 대학교에 다닙니까?
B: 이화여자대학교에 다닙니다.

Focus Plus

- Other than after nouns indicating destinations, 에 can also be used after nouns representing events such as 결혼식, 생일 파티, 졸업식 that show the purpose of coming and going.

ex A: 수진 씨가 어디에 갑니까?
B: 친구 결혼식에 갑니다.

ex A: 요코 씨, 오늘 어디에 갑니까?
B: 친구 생일 파티에 갑니다.

- In N에 가다/오다, N에게 is used instead of N에 when the noun represents person rather than place. (See 『이화 한국어 1-2』 Chapter 8, p.24)

ex A: 수잔 씨, 지금 어디에 갑니까?
B: 요코 씨에게 갑니다.

ex A: 마이클 씨, 어디에 갑니까?
B: 선생님에게 갑니다.

Answers

① A: 어디에 갑니까?
B: 교실에 갑니다.

② A: 어디에 갑니까?
B: 식당에 갑니다.

③ A: 어디에 갑니까?
B: 도서관에 갑니다.

④ A: 어디에 갑니까?
B: 화장실에 갑니다.

⑤ A: 어디에 갑니까?
B: 서점에 갑니다.

⑥ A: 어디에 갑니까?
B: 집에 갑니다.

Vocabulary & Expression

요일

요일 means ***day of the week***. Days of the week are shown in the following table.

Sunday	Monday	Tuesday	Wednesday	Thursday	Friday	Saturday
일요일	월요일	화요일	수요일	목요일	금요일	토요일

Pay attention to how the final consonant of the first syllable is pronounced together with the second syllable 요. The transferred pronunciations are as follows.

ex 일요일[이료일]

ex 월요일[워료일]

ex 목요일[모교일]

ex 금요일[그묘일]

무슨 요일

무슨 요일 means ***what day of the week***. 무슨 is used in front of a noun in order to ask about a certain subject, object, or thing that you do not know.

ex A: 문화 수업은 무슨 요일입니까?
B: 수요일입니다.

ex A: 요코 씨의 가방은 무슨 색입니까?
B: 검정색입니다.

Functional Expression

- **Asking about the date**

  When you ask about the date of an event, you can use the expressions such as 며칠입니까?, 언제입니까?, or 몇 월 며칠입니까?.

  ex A: 문화 수업이 며칠입니까? /
  문화 수업이 언제입니까? /
  문화 수업이 몇 월 며칠입니까?
  B: 5월 10일입니다.

Dialogue

Wangkai	When is the Korean exam, Ichiro?
Ichiro	It's on October 13th.
Wangkai	What day of the week is it?
Ichiro	It's Monday.
Wangkai	When is the culture class?
Ichiro	It's on November 7th.
Wangkai	Where are you going?
Ichiro	We are going to Gyeongbokgung.

Vocabulary & Expression

네, 그렇습니다

네, 그렇습니다 means ***yes, it is***. When you agree with another person or admit what the other person says, you can say 네, 그렇습니다. You can also say 맞습니다 instead of 그렇습니다.

ex A: 김정우 씨는 요즘 컴퓨터를 배웁니까?
B: 네, 그렇습니다.

ex A: 시험이 금요일입니까?
B: 네, 맞습니다.

컴퓨터실

컴퓨터실 means ***the computer lab***. In this word, –실 indicates a room dedicated for a specific purpose in a building, as in 휴게실, 음악실., etc.

ex A: 어디에 갑니까?
B: 컴퓨터실에 갑니다. 요즘 컴퓨터를 배웁니다.

ex A: 왕카이 씨, 어디에 갑니까?
B 휴게실에 갑니다.

Functional Expression

- **Asking about an exam schedule**

When you want to ask about an exam schedule, you can use sentences like 시험이 언제입니까?, 언제가 시험입니까?, or 시험을 언제 봅니까?.

ex A: 시험이 언제입니까? /
언제가 시험입니까? /
시험을 언제 봅니까?
B: 10월 24일입니다.

Script

Ichiro	Mr. Kim Jeongwoo, where are you going right now?
Kim Jeongwoo	I am going to the computer lab. I am learning computers these days. Where are you going, Ichiro?
Ichiro	I am going to the library. I have a test coming up.
Kim Jeongwoo	When is your test?
Ichiro	It's on October 24th.
Kim Jeongwoo	Is it Friday?
Ichiro	Yes, it is.

Answers

(1) ② Kim Jeongwoo is learning computers, so he is going to the computer lab.

(2) ③ Ichiro has a test, so he is going to the library to study for the test.

(3) 10월 24일(시월 이십사 일)

p.61

Vocabulary & Expression

영화를 봅니다

영화를 봅니다 means ***(we) are watching a film***. The verb 보다 can not only mean simply seeing, but also watching a movie or reading a book or newspaper.

ex A: 요코 씨는 지금 무엇을 합니까?
B: 신문을 봅니다.
(= 읽습니다)

ex A: 마이클 씨가 무슨 책을 읽습니까?
B: 한국어 책을 봅니다.
(= 읽습니다)

모임이 있습니다

모임이 있습니다 means ***there is a meeting***. In order to talk about a fixed event, you can say N이/가 있습니다. The negative form of N이/가 있습니다 is N이/가 없습니다.

ex A: 내일은 무엇을 합니까?
B: 친구 집에 갑니다. 생일 파티가 있습니다.

ex A: 목요일에 동아리 모임이 있습니까?
B: 아니요, 목요일에 동아리 모임이 없습니다.

Functional Expression

- **Writing the date**

In Korean, the date is often written and spoken in the order of year, month, date and day of the week. Also, when writing the days of the week, 요일 is often omitted and the day is often written in parentheses. In other words, when writing the day of the week, you can simply write (월), (화), (수), etc.

ex A: 문화 수업이 언제입니까?
B: 10월 13일 월요일입니다.

ex 2015년 9월 12일 (목)

Text

Film Club Meeting

There is a film club meeting.
We will be watching the Korean film "친구."

- Date: June 9th (Monday)
- Time: 2 pm after Korean class
- Place: Library lounge on the third floor

Answers

(1) ① 아니요 No, we will be watching the Korean film "친구."
② 네 Yes, there is a club meeting after Korean class. The meeting is on June 9th.

(2) ③ The meeting is going to be held in the library lounge on the third floor.

Vocabulary Check

▶ **Tick off the words and expressions that you know.**

학교생활 School Life

- ☐ 공부하다 to study
- ☐ 수업을 시작하다 to start a class
- ☐ 수업이 끝나다 the class is over
- ☐ 숙제하다 to do homework
- ☐ 쉬다 to rest
- ☐ 이야기하다 to talk
- ☐ 지각하다 to be late
- ☐ 책을 읽다 to read a book
- ☐ 친구를 만나다 to meet a friend
- ☐ 한국어를 가르치다 to teach Korean
- ☐ 한국어를 배우다 to learn Korean

교실 활동 Classroom Activities

- ☐ 단어를 쓰다 to write a word
- ☐ 대답하다 to answer
- ☐ 듣다 to listen
- ☐ 묻다 to ask
- ☐ 복습하다 to review
- ☐ 시험을 보다 to take an examination
- ☐ 쓰다 to write
- ☐ 연습하다 to practice
- ☐ 질문하다 to ask (questions)
- ☐ 책을 덮다 to close a book
- ☐ 책을 펴다 to open a book
- ☐ 크게 말하다 to speak up

학교 행사 School Events

- ☐ 동아리 공연 club performance
- ☐ 문화 수업 culture study class
- ☐ 방학 vacation
- ☐ 수료식 completion ceremony
- ☐ 입학식 entrance ceremony
- ☐ 졸업식 graduation

학교 시설 School Facilities

- ☐ 교실 classroom
- ☐ 기숙사 dormitory
- ☐ 도서관 library
- ☐ 매점 store
- ☐ 사무실 office
- ☐ 서점 bookstore
- ☐ 음악실 music room
- ☐ 컴퓨터실 computer room
- ☐ 학교 school
- ☐ 학생 식당 school cafeteria
- ☐ 화장실 restroom, toilet
- ☐ 휴게실 lounge

수업 후에 After Class

- ☐ 동아리 모임이 있다 there is a club meeting
- ☐ 드라마를 보다 to watch a drama
- ☐ 사진을 찍다 to take a picture
- ☐ 영화를 보다 to watch a film/movie
- ☐ 음악을 듣다 to listen to music
- ☐ 컴퓨터를 배우다 to learn how to use a computer
- ☐ 태권도를 하다 to do Taekwondo

p.66

Grammar Focus

이, 그 and 저 are demonstratives to indicate a person or thing. 이 is used to refer to a person or thing that is closer to the speaker than the listener. 저 is used to refer to a person or thing that is not close to either the speaker or the listener. 그 is used to refer to a person or thing that is closer to the listener than the speaker. 그 is also used to indicate an already mentioned object, in which case the object does not necessarily have to be near the two speakers who are engaged in conversation. You can also say 이것, 그것 and 저것, by adding 것 to each of them.

Noun	이	그	저
집	이 집	그 집	저 집
책	이 책	그 책	저 책
사람	이 사람	그 사람	저 사람

ex A: 이 책이 한국어 책입니까?
B: 네, 이 책이 한국어 책입니다.

ex A: 그것이 무엇입니까?
B: 지갑입니다.

ex A: 저 사람이 누구입니까?
B: 선생님입니다.

Focus Plus

- You can add 곳 which represents a place, to 이, 그 and 저 and say 이곳, 그곳 and 저곳. 이곳 can be replaced with 여기, 그곳 with 거기, and 저곳 with 저기 with no difference in meaning.

  ex A: 여기가 요코 씨 방입니까?
  B: 아니요, 저기입니다.

  ex A: 저는 동대문 시장에 갑니다.
  B: 거기는 어떻습니까?
  A: 물건이 많습니다. 그리고 쌉니다.

- 이것, 그것, and 저것 should be written without a space. But when a demonstrative adjective is used in front of a noun, it should be written with a space, as 이 N, 그 N, 저 N.

  ex 이것이 옷걸이입니까? (○)
  이 것이 옷걸이입니까? (×)

  ex 이 사람이 마이클 씨입니까? (○)
  이사람이 마이클 씨입니까? (×)

Answers

① A: 이것이 무엇입니까?
B: 의자입니다.
A: 그것이 무엇입니까?
B: 소파입니다.
A: 저것이 무엇입니까?
B: 가방입니다.

② A: 이것이 무엇입니까?
B: 책장입니다.
A: 그것이 무엇입니까?
B: 전화입니다.
A: 저것이 무엇입니까?
B: 책입니다.

③ A: 이것이 무엇입니까?
B: 컴퓨터입니다.
A: 그것이 무엇입니까?
B: 신문입니다.
A: 저것이 무엇입니까?
B: 옷걸이입니다.

Grammar Focus

에 is a particle that is attached to a noun that indicates a place or location. It is used to talk about the location of a person or a thing. Whether the noun ends in a consonant or a vowel, 에 maintains the same form. 있다 or 없다 is usually used as the predicate of a sentence that expresses location.

Noun	에	Noun	에
앞	앞에	뒤	뒤에
옆	옆에	사이	사이에
맞은편	맞은편에	아래	아래에

ex A: 책이 어디에 있습니까?
B: 가방 안에 있습니다.

ex A: 열쇠가 책상 위에 있습니까?
B: 아니요. 탁자 아래에 있습니다.

ex A: 영화관이 어디에 있습니까?
B: 편의점과 학교 사이에 있습니다.

ex A: 신문이 어디에 있습니까?
B: 텔레비전 옆에 있습니다.

ex A: 소파 뒤에 우산이 있습니까?
B: 네, 소파 뒤에 있습니다.

ex A: 약국이 병원 옆에 있습니까?
B: 아니요. 병원 맞은편에 있습니다.

Focus Plus

- 에 can be omitted after 여기, 거기, 저기, or 어디 in expressions indicating locations.

ex A: 화장실이 1층에 있습니까?
B: 아니요, 여기(에) 없습니다. 2층에 있습니다.

ex A: 도서관이 어디(에) 있습니까?
B: 학생 식당 뒤에 있습니다.

- When talking about locations, 바로 옆, 사이, or 건너편/맞은편 can be used to be more specific.

ex A: 기숙사가 어디에 있습니까?
B: 정문 바로 옆에 있습니다.

ex A: 학교가 병원과 우체국 사이에 있습니까?
B: 아니요. 우체국 맞은편에 있습니다.
(= 건너편에)

Answers

① A: 시계가 어디에 있습니까?
B: 탁자 위에 있습니다.

② A: 공책이 어디에 있습니까?
B: 탁자 밑에 있습니다. / 탁자 아래에 있습니다.

③ A: 사전이 어디에 있습니까?
B: 소파 위에 있습니다.

④ A: 전자사전이 어디에 있습니까?
B: 소파 위에 있습니다.

⑤ A: 필통이 어디에 있습니까?
B: 탁자 밑에 있습니다. / 탁자 아래에 있습니다.

⑥ A: 연필이 어디에 있습니까?
B: 탁자 위에 있습니다.

Grammar Focus

When listing two or more things you can use 하고 or 과/와. Nouns that are linked by 하고 or 과/와 are equal in importance. The predicate of the sentence applies to all of the nouns that are linked by 하고 or 과/와. 과 is used if the noun ends in a consonant, while 와 is used if it ends in a vowel. 하고 is attached to the noun whether it ends in a consonant or a vowel.

Noun	하고	과/와
안경, 지갑	안경하고 지갑	안경과 지갑
선생님, 학생	선생님하고 학생	선생님과 학생
우유, 커피	우유하고 커피	우유와 커피
아버지, 어머니	아버지하고 어머니	아버지와 어머니

ex A: 책상 위에 무엇이 있습니까?
B: 책하고 필통이 있습니다.

ex A: 가방 안에 무엇이 있습니까?
B: 사전과 공책이 있습니다.

ex A: 방에 누가 있습니까?
B: 언니와 동생이 있습니다.

ex A: 의자 아래에 무엇이 있습니까?
B: 신문하고 우산이 있습니다.

ex A: 옷장 안에 무엇이 있습니까?
B: 옷과 신발이 있습니다.

ex A: 교실에 무엇이 있습니까?
B: 의자와 책상이 있습니다.

Focus Plus

- When there is a list of two or more nouns within a sentence, you can add 하고 after the last noun, but you cannot use 과/와 in this case.

  ex 어제 가방하고 신발하고 샀습니다. (○)
  어제 가방과 신발과 샀습니다. (×)

- 과/와 can be used to talk about what the speaker and another person did together.

  ex 저는 주말에 친구와 쇼핑을 했어요.

  ex 저는 방학 때 가족과 여행을 갔어요.

Answers

① A: 거실에 무엇이 있습니까?
B: 컴퓨터와 텔레비전이 있습니다.
A: 텔레비전 위에 무엇이 있습니까?
B: 액자하고 스탠드가 있습니다.

② A: 방에 무엇이 있습니까?
B: 옷장과 침대가 있습니다.
A: 옷장 안에 무엇이 있습니까?
B: 옷하고 신발이 있습니다.

Vocabulary & Expression

지상, 지하

지상 and 지하 means ***aboveground floors*** and ***underground (basement) floors***, respectively. When talking about the floors of a building, you can omit 지상 for the aboveground floors. However, in the case of underground (basement) floors, you should add 지하 before the floor number and say 지하 1층, 지하 2층, etc.

ex A: 세탁실이 어디에 있습니까?
B: (지상) 1층에 있습니다.
A: 그럼 매점은 어디에 있습니까?
B: 지하 2층에 있습니다.

Functional Expression

- **Formal expressions asking for good will**

앞으로 잘 부탁합니다 is a way of greeting that asks the listener to be considerate of you so both the listener and you can work things out well together. The expression can also be used after you introduce yourself to a person whom you have first met. The literal translation of this phrase would be "I ask you to take good care of me from now on," but it is used as a modest greeting when first meeting a person you might be working or staying together with. Also, 부탁드립니다 can be used in certain situations in order to add to the politeness of a request.

ex A: 안녕하세요? 저는 박영민입니다. 만나서 반갑습니다.
B: 만나서 반갑습니다. 마이클입니다. 잘 부탁합니다. /
반갑습니다. 마이클입니다. 앞으로 잘 부탁드립니다. /
저도 반갑습니다. 저는 마이클입니다. 앞으로 잘 부탁합니다.

Dialogue

Soojin	Hi, Michelle!
Michelle	Hi! Is this your room, Soojin?
Soojin	No, it's Masako's room.
Michelle	Where is the laundry room, Soojin?
Soojin	It's on the first basement floor, next to the snack bar.
Michelle	Where is the lounge?
Soojin	On the second floor. There is a lounge and a computer room on the second floor.
Michelle	Thank you. I'm really excited and looking forward to staying with you guys.

Grammar Focus

-(으)세요 is used to politely ask or request the listener to do a certain action. It is attached to a verb, and -으세요 is used if the verb stem ends in a consonant, while -세요 is used if it ends in the consonant ㄹ or a vowel. The negative form of -(으)세요 is -지 마세요, which is used whether the verb stem ends in a consonant or a vowel.

Basic form	-(으)세요	-지 마세요
가다	가세요	가지 마세요
배우다	배우세요	배우지 마세요
읽다	읽으세요	읽지 마세요
앉다	앉으세요	앉지 마세요
공부하다	공부하세요	공부하지 마세요
운동하다	운동하세요	운동하지 마세요

ex A: 지금 비가 와요. 이 우산을 쓰세요.
B: 네. 고맙습니다.

ex A: 요코 씨, 이 옷을 입으세요.
B: 네. 고마워요.

ex A: 오늘은 청소하지 마세요. 내일 청소하세요.
B: 네, 알겠습니다.

ex A: 이치로 씨, 교실에 들어오세요.
B: 네, 알겠습니다.

ex A: 마이클 씨, 이 책을 읽으세요.
B: 네, 알겠습니다.

ex A: 수업 시간에 사진을 찍지 마세요.
B: 네, 알겠습니다.

Focus Plus

- When -(으)세요 is attached to 먹다 or 자다, you should not say 먹으세요 or 자세요, but rather say 드세요 for 먹다 and 주무세요 for 자다 instead. (See 「이화 한국어 1-1」 Chapter 7. p.123)

ex A: 요코 씨, 맛있게 드세요.
B: 고마워요. 잘 먹을게요.

ex A: 선생님, 커피 드세요.
B: 감사합니다. 잘 마실게요.

ex A: 할아버지, 안녕히 주무세요.
B: 그래. 너도 잘 자.

Answers

① A: 왕카이 씨, 책 15쪽을 읽으세요.
B: 네, 알겠습니다.

② A: 왕카이 씨, 책을 덮으세요.
B: 네, 알겠습니다.

③ A: 요코 씨, 일어서세요.
B: 네, 알겠습니다.

④ A: 여러분, 대답하세요.
B: 네, 알겠습니다.

⑤ A: 여러분, 모두 자리에 앉으세요.
B: 네, 알겠습니다.

⑥ A: 여러분, 조용히 하세요.
B: 네, 알겠습니다.

Grammar Focus

(으)로 is a particle that is attached to a noun to indicate the direction of movement. The predicate used in such sentences is usually a verb that indicates movement such as 가다 or 오다. 으로 is used if the noun ends in a consonant, while 로 is used if it ends in the consonant ㄹ or a vowel.

Noun	으로	Noun	로
앞	앞으로	뒤	뒤로
옆	옆으로	위	위로
밑	밑으로	아래	아래로

ex A: 우체국이 어디에 있습니까?
B: 오른쪽으로 가세요. 서점 뒤에 있습니다.

ex A: 화장실이 어디에 있습니까?
B: 왼쪽으로 가세요. 계단 옆에 있습니다.

ex A: 회의실이 여기에 있습니까?
B: 아니요. 아래로 내려가세요. 1층에 있습니다.

ex A: 병원이 어디에 있습니까?
B: 은행과 약국 사이로 가세요.
우체국 옆에 있습니다.

ex A: 사무실이 몇 층입니까?
B: 위로 올라가세요. 3층에 있습니다.

Focus Plus

- (으)로 also indicates the destination, in which case it can be replaced with 에. (See 「이화 한국어 1-1」 Chapter 3, p.57) However, when (으)로 is used to indicate direction, (으)로 and 에 are not interchangeable.

ex A: 마이클 씨, 지금 어디로 갑니까?
B: 기숙사로 갑니다. (○)
기숙사에 갑니다. (○)

ex A: 실례합니다. 약국이 어디에 있습니까?
B: 왼쪽으로 가세요. 병원 옆에 있습니다. (○)
왼쪽에 가세요. 병원 옆에 있습니다. (×)

Answers

① A: 실례합니다. 우체국이 어디에 있습니까?
B: 오른쪽으로 가세요. 은행 바로 옆에 있습니다.

② A: 실례합니다. 빵집이 어디에 있습니까?
B: 왼쪽으로 가세요. 영화관 맞은편에 있습니다.

③ A: 실례합니다. 백화점이 어디에 있습니까?
B: 왼쪽으로 가세요. 빵집 옆에 있습니다.

④ A: 실례합니다. 병원이 어디에 있습니까?
B: 오른쪽으로 가세요. 약국 옆에 있습니다.

⑤ A: 실례합니다. 약국이 어디에 있습니까?
B: 오른쪽으로 가세요. 병원 옆에 있습니다.

⑥ A: 실례합니다. 편의점이 어디에 있습니까?
B: 왼쪽으로 가세요. 영화관 옆에 있습니다.

p.74

Vocabulary & Expression

근처

근처 means ***somewhere near***. It is usually used with a noun as in N 근처. Using 근처 with 이, 그, 저, you can say 이 근처, 그 근처, 저 근처.

ex A: 이 근처에 은행이 있습니까?
B: 네, 있습니다. 지하철역 앞에 있습니다.

ex A: 마이클 씨, 집 근처에 편의점이 있습니까?
B: 네, 있습니다. 집 옆에 있습니다.

ex A: 학교 근처에 병원이 있습니까?
B: 네, 있습니다. 학교 건너편에 있습니다.

오른쪽, 왼쪽

오른쪽 means ***the right***, 왼쪽 ***the left***. 오른쪽 and 왼쪽 both indicate direction. When you are telling someone to go to the right, you can say 오른쪽으로 가세요, and when telling someone to go to the left, you can say 왼쪽으로 가세요.

ex A: 이화여자대학교가 어디에 있습니까?
B: 오른쪽으로 가세요.

ex A: 서점이 어디에 있습니까?
B: 왼쪽으로 가세요. 영화관 옆에 있습니다.

Functional Expression

- **Giving directions forward**

When you need to tell someone to go in the forward direction, you can say 곧장 가세요, 똑바로 가세요, 쭉 가세요, which are all used with the same meaning.

ex A: 지하철역이 어디에 있습니까?
B: 곧장 가세요. /
똑바로 가세요. /
쭉 가세요.

Dialogue

Michael	Excuse me, but is there a bookstore nearby?
Kim Jeongwoo	Yes, there is one near the subway station.
Michael	How do I get there from here?
Kim Jeongwoo	Go straight and then turn right. There is a bookstore right across from the post office.
Michael	Is it close from here?
Kim Jeongwoo	Yes, it's close.
Michael	Thank you very much.

PART3 들어 봅시다 물건 위치를 묻는 대화 듣기

p.76

Vocabulary & Expression

혹시

혹시 means ***by any chance***. It is used to indicate hesitation or something is unclear. It is commonly used when asking a question.

ex A: 마이클 씨, 혹시 연필 있어요?
B: 네, 있어요. 여기요.

ex A: 요코 씨, 혹시 전자사전 있어요?
B: 아니요, 지금 없어요. 집에 있어요.

Functional Expression

- **Answering the phone**

여보세요 is the most common expression that is used when answering the phone, equivalent to "Hello?" in English. When answering the phone at a work place, you can also state your department, official position, and name.

ex A: 여보세요.
B: 수진 씨, 저 나타샤예요.

ex A: 이화여자대학교 언어교육원입니다.
B: 안녕하세요? 박영민 선생님 계세요?

ex A: 여보세요.
B: 거기가 이화여자대학교 언어교육원입니까?
A: 네, 말씀하세요.

ex A: 이화여자대학교 언어교육원 박영민입니다.
B: 선생님, 안녕하세요? 마이클입니다.

Script

Park Yeongmin	Hello?
Michael	Yeongmin, this is Michael. I'm outside the office. By the way my wallet and my key are not inside my bag. Is my wallet beside my computer by any chance?
Park Yeongmin	Just a moment, please. Beside the computer? It is not beside the computer. It is below the chair, but your key is not there.
Michael	Please take a look on the desk. Isn't it on the desk?
Park Yeongmin	It is not on the desk.
Michael	Then, please look inside the drawer.
Park Yeongmin	Yes, it is inside the drawer.
Michael	Oh, really? Thank you very much.

Answers

(1)

(2) ① 아니요 ② 네

Michael is outside the company. And Michael and Park Yeongmin work at the same company.

Vocabulary & Expression

우리

우리 means ***we/us***. 우리 has various meanings. First of all, it indicates a group of people including the speaker and the listener, equivalent to ***we*** or ***us***. When the speaker wants to indicate that a certain person is close to the speaker, 우리 is used. 우리 is also used when the speaker wants to indicate a place or community s/he is a part of.

ex A: 우리 어디에서 만날까요?
B: 명동에서 만납시다.

ex A: 우리 먼저 집에 갈게요.
B: 네, 안녕히 가세요.

ex A: 이 사람이 누구입니까?
B: 우리 아버지입니다.

ex A: 여기가 어디입니까?
B: 우리 학교입니다.

Functional Expression

- **Inviting someone**

놀러 오세요 is used when a speaker wants to invite other people to the speaker's house, neighborhood, or country. 한번 놀러 오세요, N에 놀러 오세요, N에 한번 오세요 can also be used instead.

ex A: 이치로 씨, 한번 놀러 오세요. /
이치로 씨, 우리 집에 놀러 오세요. /
이치로 씨, 우리 집에 한번 오세요.
B: 네, 그럴게요.

Text

My House

I live in a two-story house. The living room, the kitchen, and the study room are on the first floor. There is a piano in the living room. There are a desk and a computer in the study room. My parents' bedroom and a bathroom are on the second floor. My room and my younger brother's room are there too. We have a garden in the front yard. There are trees and flowers in the garden. My house is wonderful. Come visit my house.

Answers

(1) 책상과 컴퓨터 (2) 정원

(3) ① 네 ② 아니요 ③ 네
There is a piano in the living room.

Vocabulary Check

▶ **Tick off the words and expressions that you know.**

공공장소 Public Places

- ☐ 공원 park
- ☐ 백화점 department store
- ☐ 병원 hospital
- ☐ 빵집 bakery
- ☐ 약국 pharmacy
- ☐ 우체국 post office
- ☐ 은행 bank
- ☐ 지하철역 subway station
- ☐ 커피숍 cafe, coffee shop
- ☐ 편의점 convenience store

가구 Furniture

- ☐ 서랍장 chest of drawers
- ☐ 소파 sofa
- ☐ 식탁 dining table
- ☐ 옷걸이 clothes hanger
- ☐ 옷장 closet
- ☐ 책상 desk
- ☐ 책장 bookcase
- ☐ 침대 bed
- ☐ 탁자 table
- ☐ 화장대 dressing table

가전제품 (1) Home Appliances (1)

- ☐ 냉장고 refrigerator
- ☐ 라디오 radio
- ☐ 선풍기 (electric) fan
- ☐ 세탁기 washing machine
- ☐ 에어컨 air conditioner
- ☐ 컴퓨터 computer
- ☐ 텔레비전 television

방향 Direction

- ☐ 곧장 directly
- ☐ 똑바로 straight
- ☐ 오른쪽 right
- ☐ 왼쪽 left
- ☐ 쭉 straight

위치 Location

- ☐ 건너편 opposite, across
- ☐ 근처 near
- ☐ 뒤 behind
- ☐ 맞은편 across, the other side
- ☐ 밑 under
- ☐ 바로 옆 right beside
- ☐ 밖 outside
- ☐ 사이 between
- ☐ 아래 below
- ☐ 안 inside
- ☐ 앞 in front of
- ☐ 옆 beside
- ☐ 위 on, over

집 House

- ☐ 거실 livingroom
- ☐ 부엌 kitchen
- ☐ 서재 study, home library
- ☐ 욕실 bathroom
- ☐ 정원 garden
- ☐ 침실 bedroom

p.82

Grammar Focus

The native Korean numerals 하나, 둘, 셋, 넷··· are used to count the number of people or things. Unit nouns for counting, such as 개, can be added after native Korean numerals, in which case 하나, 둘, 셋, 넷 are changed into 한, 두, 세, 네 to become 한 개, 두 개, 세 개, 네 개. However, the numerals from 다섯 to 열 do not have their forms changed when used for counting.

1	2	3	4	5	6	7	8	9	10
하나	둘	셋	넷	다섯	여섯	일곱	여덟	아홉	열
한 개	두 개	세 개	네 개	다섯 개	여섯 개	일곱 개	여덟 개	아홉 개	열 개

ex A: 빵이 몇 개 있습니까?
B: 한 개 있습니다.

ex A: 연필이 몇 개 있습니까?
B: 세 개 있습니다.

ex A: 모자가 몇 개 있습니까?
B: 여섯 개 있습니다.

ex A: 사과가 몇 개 있습니까?
B: 열한 개 있습니다.

Focus Plus

- There are two regularly used numeral systems in Korean, a native Korean system and a Sino-Korean system. The Sino-Korean numerals 일, 이, 삼, 사··· are used to indicate phone numbers, bus line numbers, floors of a building, etc. (See 『이화 한국어 1-1』 Chapter 2, p.41)

ex A: 전화번호가 무엇입니까?
B: 삼이칠에 사구팔이입니다. (327-4982)

ex A: 휴대 전화 번호가 무엇입니까?
B: 공일공에 삼육칠사에 구일팔오입니다. (010-3674-9185)

ex A: 교실이 몇 층입니까?
B: 삼 층입니다. (3층)

Answers

① A: 전자사전이 몇 개 있습니까?
B: 세 개 있습니다.

② A: 우산이 몇 개 있습니까?
B: 일곱 개 있습니다.

③ A: 벽시계가 몇 개 있습니까?
B: 한 개 있습니다.

④ A: 안경이 몇 개 있습니까?
B: 여섯 개 있습니다.

⑤ A: 책상이 몇 개 있습니까?
B: 다섯 개 있습니다.

⑥ A: 가방이 몇 개 있습니까?
B: 두 개 있습니다.

Grammar Focus

When talking about time, as in 한 시, 두 시, 세 시, you must use native Korean numerals such as 하나, 둘, 셋, 넷. When talking about minutes as in 오 분, 십 분, 십오 분, you must use Sino-Korean numerals such as 일, 이, 삼, 사. 삼십 분 can be replaced with 반. Also, as in the example of 두 시 십 분 전, which is the same as 한 시 오십 분, you can use N 분 전 as well.

시

1시	2시	3시	4시	5시	6시
한 시	두 시	세 시	네 시	다섯 시	여섯 시
7시	8시	9시	10시	11시	12시
일곱 시	여덟 시	아홉 시	열 시	열한 시	열두 시

분

5분	10분	15분	20분	25분
오 분	십 분	십오 분	이십 분	이십오 분
30분	40분	45분	50분	55분
삼십 분 / 반	사십 분	사십오 분	오십 분	오십오 분

ex A: 지금 몇 시입니까?
B: 세 시 이십 분입니다. (3시 20분)

ex A: 몇 시입니까?
B: 오전 열 시 삼십 분입니다. (오전 10시 30분)
(= 오전 열 시 반입니다)

ex A: 지금 몇 시입니까?
B: 열한 시 사십오 분입니다. (11시 45분)
(= 열두 시 십오 분 전입니다)

ex A: 몇 시입니까?
B: 오후 네 시 오십오 분입니다. (오후 4시 55분)
(= 오후 다섯 시 오 분 전입니다)

Focus Plus

- When you write the time in Korean, you need to have a space in front of 시 or 분. You should not have a space when writing in Arabic numerals.

ex A: 몇 시입니까?
B: 두 시 이십오 분입니다.
(= 2시 25분입니다)

Answers

① A: 몇 시입니까?
B: 오전 네 시 오 분입니다.

② A: 몇 시입니까?
B: 오전 열두 시입니다.

③ A: 몇 시입니까?
B: 오후 한 시 삼십 분입니다. / 오후 한 시 반입니다.

④ A: 몇 시입니까?
B: 오후 아홉 시 사십오 분입니다. / 오후 열 시 십오 분 전입니다.

⑤ A: 몇 시입니까?
B: 오후 열두 시입니다.

Grammar Focus

에 is a particle that is attached to a noun representing time and indicates the time when a certain action is taking place. Whether the noun ends in a consonant or a vowel, 에 maintains the same form. However, 에 is not attached to 언제, 지금, 어제, 오늘, or 내일.

Noun	에	Noun	에
오전	오전에	일곱 시	일곱 시에
수요일	수요일에	오후	오후에
방학	방학에	휴가	휴가에

ex A: 무슨 요일에 요가를 해요?
B: 화요일과 목요일에 해요.

ex A: 크리스마스에 보통 뭐 해요?
B: 친구들과 파티해요.

ex A: 몇 시에 수업을 시작합니까?
B: 오전 아홉 시에 시작합니다.

ex A: 오늘 친구를 만납니까?
B: 아니요. 내일 만납니다.

Focus Plus

- The particle 에 can also be attached to a noun representing place to indicate the destination. A verb that represents coming and going, such as 가다, 오다, or 다니다, becomes the predicate of such sentences. (See 「이화 한국어 1-1」 Chapter 3, p.57)

ex A: 어디에 갑니까?
B: 도서관에 갑니다.

ex A: 무슨 일을 합니까?
B: 회사에 다닙니다.

- 에 can be attached to a noun representing place or location to indicate the place or location where something is present. In this case, 있다 or 없다 is usually used as the predicate. (See 「이화 한국어 1-1」 Chapter 4, p.67)

ex A: 책이 어디에 있습니까?
B: 책상 위에 있습니다.

ex A: 가방 안에 지갑이 없습니까?
B: 네, 가방 안에 없습니다.

Answers

왕카이	오전 아홉 시 십 분에 한국어를 배웁니다. ⋯→ 오후 세 시에 숙제합니다. ⋯→ 오후 다섯 시 삼십 분에 중국어를 가르칩니다. ⋯→ 오후 여덟 시에 운동합니다.
박영민	오전 여섯 시 오십 분에 아침을 먹습니다. ⋯→ 오전 여덟 시 삼십 분에 출근합니다. ⋯→ 오후 두 시 삼십 분에 회의합니다. ⋯→ 오후 일곱 시에 퇴근합니다. ⋯→ 오후 아홉 시 삼십 분에 쉽니다.
나타샤	오전 일곱 시 이십 분에 아침 식사를 준비합니다. ⋯→ 오전 열 시에 커피를 마십니다. ⋯→ 오후 두 시에 친구를 만납니다. ⋯→ 오후 여섯 시 삼십 분에 텔레비전을 봅니다. ⋯→ 오후 열 시 삼십 분에 잠을 잡니다.

Vocabulary & Expression

월, 수, 금요일

월, 수, 금요일 means ***Monday, Wednesday and Friday***. When referring to more than two days, you can take out 요일 to make it simple.

ex A: 언제 태권도를 배웁니까?
B: 월, 수, 금요일에 배웁니다.
(= 월요일과 수요일과 금요일)
(= 월, 수, 금)

ex A: 언제 수영장에 갑니까?
B: 화, 목에 갑니다.

Functional Expression

- **Starting a conversation with a stranger**

When you ask a stranger for information, you can first pardon yourself for the intrusion by saying 실례합니다, 죄송합니다, or 말씀 좀 묻겠습니다 and then ask your questions.

ex A: 실례합니다. 우체국이 어디에 있습니까? /
죄송합니다. 우체국이 어디에 있습니까? /
말씀 좀 묻겠습니다. 우체국이 어디에 있습니까?
B: 오른쪽으로 가세요. 병원 옆에 있습니다.

- **Asking about the start date of a Korean language program**

When you want to ask what time a class or program starts, you can use questions such as N은/는 언제부터입니까?, N이/가 언제 시작합니까?, N은/는 며칠에 시작합니까?, or N 시작 날짜는 언제입니까?.

ex A: 다음 학기 한국어 수업은 언제부터입니까? /
다음 학기 한국어 수업이 언제 시작합니까? /
다음 학기 한국어 수업은 며칠에 시작합니까? /
다음 학기 한국어 수업 시작 날짜는 언제입니까?
B: 9월 10일 월요일입니다.

Dialogue

Clerk: Ewha Sports Center.
Ichiro: I'd like to ask a few questions. When does next month's program start?
Clerk: It starts on Monday, the 3rd.
Ichiro: Is that so? What time is swimming, then?
Clerk: Every morning at 7 and 8 am.
Ichiro: When is Yoga?
Clerk: Yoga is at 6:30 pm on Mondays, Wednesdays and Fridays.
Ichiro: I see. Thank you very much.

 p.88

Grammar Focus

부터 and 까지 are used to indicate the beginning and ending times of an event, much like ***from~to/till*** in English. They are usually attached to nouns representing time such as dates, days of the week, or time. Whether the nouns end in a consonant or a vowel, 부터 is used after the starting time and 까지 after the finishing time.

Noun	부터	Noun	까지
월요일	월요일부터	수요일	수요일까지
두 시	두 시부터	여섯 시	여섯 시까지

ex A: 휴가가 언제입니까?
B: 내일부터 다음 주 수요일까지 휴가입니다.

ex A: 지금 방학입니까?
B: 네. 6월 20일부터 7월 5일까지 방학입니다.

ex A: 한국어 수업이 몇 시부터 몇 시까지입니까?
B: 아홉 시부터 한 시까지입니다.

ex A: 언제 수영을 배웁니까?
B: 오전 열 시부터 열한 시까지 배웁니다.

Focus Plus

- 부터 and 까지 can be used not only in terms of time but also in terms of place.

  ex 1층부터 3층까지 교실입니다.

- You can also indicate the starting time by using 에서 instead of 부터

  ex A: 점심시간이 언제예요?
  B: 1시부터 2시까지예요.
  (= 1시에서 2시까지예요)

Answers

① A: 언제 한국어를 공부합니까?
B: 월요일부터 금요일까지 오전 9시부터 오후 12시까지 한국어를 공부합니다.

② A: 언제 영화를 봅니까?
B: 월요일 오후 2시부터 4시까지 영화를 봅니다.

③ A: 언제 수영합니까?
B: 화요일과 목요일 오후 6시부터 7시까지 수영합니다.

④ A: 언제 태권도를 배웁니까?
B: 수요일 오후 3시 30분부터 5시까지 태권도를 배웁니다.

⑤ A: 언제 중국어를 가르칩니까?
B: 금요일 오후 4시 30분부터 6시까지 중국어를 가르칩니다.

⑥ A: 언제 한국 요리를 배웁니까?
B: 토요일 오전 11시부터 오후 1시까지 한국 요리를 배웁니다.

Grammar Focus

–아/어요 is an informal honorific ending that is attached to an adjective, verb, or N이다. –아요 is used if the last vowel of the stem of the adjective or verb is ㅏ or ㅗ, while –어요 is used with all the other vowels. In case of the verb 하다, 해요 is used. For the N이다 structure, if the noun ends in a consonant 이에요 is used, while 예요 is used if it ends in a vowel. However, if you want to express gratitude or apologize to a superior or senior, it is safe to use the more formal ending –ㅂ/습니다. Besides declarative sentences, –아/어요 can also be used for interrogative, imperative, or propositive sentences.

Basic form	–아/어요	Basic form	–아/어요
싸다	싸요	먹다	먹어요
작다	작아요	공부하다	공부해요
맛있다	맛있어요	운동하다	운동해요
맛없다	맛없어요	학생이다	학생이에요
가다	가요	의사이다	의사예요
앉다	앉아요	학생이 아니다	학생이 아니에요
배우다	배워요	의사가 아니다	의사가 아니에요

ex A: 명동에 옷가게가 많아요?
B: 네, 많아요. 그리고 가격이 싸요.

ex A: 주말에 뭐 해요?
B: 친구가 한국에 와요. 그래서 공항에 가요.

ex A: 그게 뭐예요?
B: 김밥이에요. 우리 같이 먹어요.

ex A: 열쇠가 서랍 안에 있어요?
B: 아니요, 서랍 안에 없어요.

ex A: 요즘 무엇을 해요?
B: 한국어를 배워요.

ex A: 무슨 일을 해요? 요리사예요?
B: 아니요, 요리사가 아니에요.
저는 은행원이에요.

Focus Plus

- Be careful with the spelling of N이/가 아니에요. It can easily be confused with the N예요 structure and thus be mistakenly written as 아니예요.

ex 회사원이 아니에요. (○)
회사원이 아니예요. (×)

Answers

은행에 다녀요. 아침 9시에 출근해요. 그리고 저녁 6시에 일이 끝나요. 퇴근 후에 여자 친구를 만나요. 여자 친구는 학생이에요. 여자 친구와 저녁을 먹어요. 식사 후에 영화를 봐요. 그리고 노래방에 가요.

Vocabulary & Expression

퇴근 후

퇴근 후 means ***after work***. 후 means 'after', and it is used behind nouns indicating a time or event.

ex A: 퇴근 후에 뭐 해요?
B: 요가를 배워요. 요가 수업이 있어요.

ex A: 언제 일이 끝나요?
B: 30분 후에 끝나요.

저녁

저녁 means ***evening***. 저녁 indicates the period of the day between around sunset and night. Using a specific time after 저녁, you can say 저녁 7시, 저녁 9시, etc. A day can be divided into 오전 and 오후, which, depending on different time slots, can again be divided into 새벽, 아침, 낮, 저녁, and 밤.

ex A: 친구를 몇 시에 만나요?
B: 저녁 7시에 만나요.
(= 오후 7시)

ex A: 언제 운동해요?
B: 오전 6시에 운동해요.
(= 아침 6시)

ex A: 언제 자요?
B: 밤 11시에 자요.
(= 오후 11시)

Functional Expression

- **Asking about class hours**

When asking about class hours, you can ask questions such as 수업이 몇 시부터 몇 시까지입니까?, 몇 시에 수업을 시작합니까?, 몇 시에 수업이 끝납니까?, etc.

ex A: 수업이 몇 시부터 몇 시까지입니까? /
몇 시에 수업을 시작합니까? 그리고 몇 시에 수업이 끝납니까?
B: 9시부터 1시까지입니다.

Dialogue

Kim Soojin	Richard, what do you do for a living?
Richard	I work at a trading company. Also, I study Korean in the evening.
Kim Soojin	What hours do you study in your class?
Richard	It's from 7 pm to 9 pm.
Kim Soojin	Do you study Korean everyday?
Richard	No, I go to school from Monday to Thursday.
Kim Soojin	What do you do after work on Friday?
Richard	I meet friends and we have drinks together.

하숙집 생활에 대한 대화 듣기

p.92

Vocabulary & Expression

아침을 먹어요

아침을 먹어요 means ***(I) have breakfast***. As well as indicating times of the day, 아침, 점심 and 저녁 can mean the meals eaten at those respective times. 식사 cannot be used with the verb 먹다.

ex A: 언제 아침을 먹어요?
B: 아침 일곱 시에 먹어요.

ex 아침 식사를 해요. (○)
아침 식사를 먹어요. (×)

Functional Expression

- **Talking about different homestay meal schedules between weekdays and weekends**

Host families usually provide meals according to a set schedule. However, when the meal schedules differ between weekdays and weekends, you can use sentences such as 평일에는 N 시에 아침/점심/저녁을 먹어요. 그렇지만 주말에는 N 시에 아침/점심/저녁을 먹어요, 평일에는 아침/점심/저녁 식사 시작 시간이 N 시예요. 그렇지만 주말에는 아침/점심/저녁 식사 시작 시간이 N 시예요, etc.

ex A: 몇 시에 아침을 먹어요?
B: 평일에는 일곱 시에 아침을 먹어요. 그렇지만 주말에는 여덟 시에 먹어요.

ex A: 저녁 식사 시간은 몇 시예요?
B: 평일에는 저녁 식사 시작 시간이 여섯 시예요.
그렇지만 주말에는 저녁 식사 시작 시간이 일곱 시예요.

Script

Yoko	Hi Ma'am, I am Yoko.
Boarding house landlady	Nice to meet you, Yoko. This room is for you, Yoko.
Yoko	Thank you. What time is breakfast, ma'am?
Boarding house landlady	Breakfast is from 7 to 8 am on weekdays. But we have breakfast from 7 to 9 am on the weekends.
Yoko	When is dinner?
Boarding house landlady	Dinner is from 6 to 7 pm. And we close the front gate at 11pm, so you have to be in by 11 at night.
Yoko	I see. I really look forward to living here, ma'am.

Answers

(1) ③ Breakfast on Saturday starts at 7 and ends at 9.

(2) 밤 11시 (밤 열한 시)

(3) ③ We have breakfast from 7 to 8 am on weekdays, but from 7 to 9 am on weekends. Also, dinner is served from 6 to 7 pm everyday on both weekdays and the weekends.

Vocabulary & Expression

보통

보통 means ***usually***. When you talk about things that you do everyday or things that people generally do, you can use the adverb 보통. In this case, you can use the present tense for things that you generally do regardless of time and tense.

ex 저는 보통 7시에 일어납니다.

ex 한국 사람들은 보통 아침에 밥을 먹습니다.

Functional Expression

- **Asking about closed days**

  When asking when a store, restaurant, or shopping mall is closed, you can say 언제 쉬어요?, 언제 문을 닫아요?, 무슨 요일에 쉬어요?, 무슨 요일에 문을 닫아요?, etc. 문을 닫다 indicates the office hours of a public place being finished for day or a store or restaurant being closed for a holiday.

  ex A: 이 식당은 언제 쉬어요? /
  이 식당은 언제 문을 닫아요? /
  이 식당은 무슨 요일에 쉬어요? /
  이 식당은 무슨 요일에 문을 닫아요?
  B: 일요일에 쉬어요.

Text

Daily Schedule

I wake up at 9 in the morning. I take a shower at 9:10. I eat breakfast at 9:30. I usually have bread and milk. After breakfast, I put on my clothes. Then, I go to work by 10 o'clock. I am a chef. I work at a French restaurant. Lunch time in our restaurant is from 11 to 3. There are lots of customers during lunch time. So we are very busy. I usually have lunch at 3:30. After that, I work again. I clean the restaurant at 10 o'clock and close the restaurant. I go home at 10:30. I take a shower after work. I watch television at 11 o'clock. I go to sleep at 11:30.

Answers

(1) ② Frank works at a French restaurant. Frank is a chef.
(2) ③ After customers eat from 11 to 3, he eats lunch at 3:30.

Vocabulary Check

▶ **Tick off the words and expressions that you know.**

시간 (1) Time (1)

- ☐ 초 second
- ☐ 분 minute
- ☐ 시 hour
- ☐ 오전 morning
- ☐ 오후 afternoon
- ☐ 새벽 daybreak, dawn
- ☐ 아침 morning, breakfast
- ☐ 낮 daytime
- ☐ 점심 lunch
- ☐ 정오 noon
- ☐ 저녁 evening
- ☐ 밤 nighttime
- ☐ 자정 midnight
- ☐ 하루 (one) day
- ☐ 매일 everyday

일상생활 Everyday Life

- ☐ 머리를 감다 to wash one's hair
- ☐ 샤워하다 to take a shower
- ☐ 세수하다 to wash one's face
- ☐ 손을 씻다 to wash hands
- ☐ 아르바이트를 하다 to do a part time job
- ☐ 아침 식사를 준비하다 to prepare breakfast
- ☐ 아침을 먹다 to have breakfast
- ☐ 요리하다 to cook
- ☐ 운동하다 to work out, to exercise
- ☐ 이를 닦다 to brush one's teeth
- ☐ 인터넷을 하다 to browse the Internet
- ☐ 일어나다 to wake up
- ☐ 잠을 자다 to sleep
- ☐ 청소하다 to clean
- ☐ 커피를 마시다 to drink coffee
- ☐ 텔레비전을 보다 to watch television
- ☐ 학교에 가다 to go to school
- ☐ 화장을 하다 to put on makeup

하숙집 Boarding House

- ☐ 룸메이트 roommate
- ☐ 문을 닫다 to close the gate
- ☐ 방 room
- ☐ 식사 시간 mealtime
- ☐ 하숙집 규칙 boarding house regulations
- ☐ 하숙집 아주머니 host lady

직장 생활 Work

- ☐ 동료 colleague
- ☐ 일하다 to work
- ☐ 직장에 다니다 to work at a job
- ☐ 출근하다 to go to work
- ☐ 퇴근하다 to get off work
- ☐ 회의하다 to have a (business) meeting

교육 프로그램 Education Program

- ☐ 노래 교실 singing class
- ☐ 문화 센터 culture center
- ☐ 벨리 댄스 교실 belly dance class
- ☐ 사진 교실 photography class
- ☐ 수영 교실 swimming class
- ☐ 스포츠 센터 sports center
- ☐ 요리 교실 cooking class

PART1 준비합시다 01 • 에서(place)

p.98

Grammar Focus

에서 is a particle that indicates where an action takes place. It is usually attached to a noun representing place, and is used whether the noun ends in a consonant or a vowel. The predicate of a sentence with 에서 should be an action verb such as 먹다, 자다, or 운동하다.

Noun	에서	Noun	에서
식당	식당에서	학교	학교에서
도서관	도서관에서	회사	회사에서

ex A: 어디에서 점심을 먹어요?
B: 집에서 점심을 먹어요.

ex A: 어디에서 친구를 만나요?
B: 커피숍에서 친구를 만나요.

ex A: 어디에서 책을 읽어요?
B: 기숙사에서 책을 읽어요.

ex A: 어디에서 숙제를 해요?
B: 서재에서 숙제를 해요.

Focus Plus

- If N에서 is used with a verb indicating movement such as 가다, 오다, or 다니다, it then indicates the starting point. (See 『이화 한국어 1-2』 Chapter 11, p. 68)

ex A: 이 기차는 어디에서 어디까지 갑니까?
B: 서울에서 부산까지 갑니다.

ex A: 요코 씨, 어디에서 와요?
B: 학교에서 와요.

- You can use either 에 or 에서 for the verb 살다.

ex A: 왕카이 씨, 어디에 삽니까?
(= 어디에서)
B: 저는 신촌에 삽니다.
(= 신촌에서)

Answers

① A: 잔느 씨는 어디에서 무엇을 해요?
B: 백화점에서 쇼핑해요.

② A: 요코 씨는 어디에서 무엇을 해요?
B: 도서관에서 책을 빌려요.

③ A: 리처드 씨는 어디에서 무엇을 해요?
B: 우체국에서 편지를 보내요.

④ A: 왕카이 씨는 어디에서 무엇을 해요?
B: 놀이동산에서 놀이 기구를 타요.

⑤ A: 나타샤 씨는 어디에서 무엇을 해요?
B: 은행에서 돈을 찾아요.

⑥ A: 이치로 씨는 어디에서 무엇을 해요?
B: 공원에서 운동해요.

p.99

Grammar Focus

안, used before an adjective or a verb, negates an action or state, much like 'not' in English. For verbs in the form of N하다 such as 공부하다, 운동하다, the negative form would be 공부 안 하다, 운동 안 하다.

Basic form	안	Basic form	안
싸다	안 싸다	먹다	안 먹다
작다	안 작다	읽다	안 읽다
가다	안 가다	공부하다	공부 안 하다
마시다	안 마시다	일하다	일 안 하다

ex A: 미셸 씨, 이 책은 비싸요?
B: 아니요, 안 비싸요.

ex A: 마이클 씨, 내일 친구를 만나요?
B: 아니요, 내일 친구를 안 만나요.

ex A: 나타샤 씨, 기숙사에서 살아요?
B: 아니요, 기숙사에서 안 살아요.

ex A: 요코 씨, 집에서 숙제해요?
B: 아니요, 집에서 숙제 안 해요.

Focus Plus

- The negative form of 있다 is 없다. Likewise, the negative forms of 맛있다 and 재미있다 are 맛없다 and 재미없다, respectively.

ex A: 요코 씨, 동생이 있어요?
B: 아니요, 없어요.

ex A: 이 빵이 맛있어요?
B: 아니요, 맛없어요.

ex A: 영민 씨, 여자 친구 없어요?
B: 아니요, 있어요.

ex A: 이 영화가 재미없어요?
B: 아니요, 재미있어요.

- The negative forms of N입니다 and N입니까? are N이/가 아닙니다 and N이/가 아닙니까?, respectively. (See 「이화 한국어 1–1」 Chapter 2, p.36)

ex A: 요코 씨는 회사원입니까?
B: 아니요, 저는 회사원이 아닙니다.

ex A: 미셸 씨는 주부가 아닙니까?
B: 네, 미셸 씨는 주부가 아닙니다.

- The negative forms of 좋아하다 and 싫어하다 are 안 좋아하다 and 안 싫어하다, respectively. Only when you negate a verb in the form of N하다, can you say N 안 하다.

ex 저는 커피를 안 좋아합니다. (O)
저는 커피를 좋아 안 합니다. (×)

ex 마이클 씨는 주말에 운동 안 합니다. (O)
마이클 씨는 주말에 안 운동합니다. (×)

Answers

마이클 씨는 주말에 보통 영화를 봅니다. 그리고 친구를 만납니다. 그렇지만 낮잠을 안 잡니다. 그리고 여행을 안 갑니다. 그리고 운동 안 합니다. 그렇지만 쇼핑합니다. 그리고 음악을 듣습니다. 그렇지만 책을 안 읽습니다. 그렇지만 외식을 합니다. 그렇지만 청소 안 합니다.

p.100

Grammar Focus

When the stem of an adjective or a verb ending in the vowel ㅡ is followed by an ending that starts with 아 or 어, the vowel ㅡ is removed.

Basic form	–ㅂ/습니다	–아/어요
바쁘다	바쁩니다	바빠요
아프다	아픕니다	아파요
크다	큽니다	커요
기쁘다	기쁩니다	기뻐요
예쁘다	예쁩니다	예뻐요
슬프다	슬픕니다	슬퍼요
끄다	끕니다	꺼요
쓰다	씁니다	써요

ex A: 마이클 씨, 요즘 어떻게 지내요?
B: 요즘 한국어 공부를 매일 해요.
그래서 바빠요.

ex A: 영민 씨, 눈이 나빠요?
B: 네, 저는 눈이 좀 나빠요. 그래서 안경을 써요.

ex A: 미셸 씨 방은 어때요? 커요?
B: 네, 제 방은 커요.

ex A: 나타샤 씨, 그 옷은 어때요?
B: 정말 예뻐요. 그런데 조금 커요.

ex A: 왕카이 씨, 왜 병원에 가요?
B: 허리가 아파요.

ex A: 마이클 씨, 저는 배가 고파요.
B: 저도 배가 고픕니다.
우리 같이 식당에 가요.

ex A: 다음 달에 저 결혼해요.
B: 우와, 축하해요. 정말 기뻐요.

ex A: 요코 씨, 이 영화는 재미있어요?
B: 네, 재미있어요. 그렇지만 조금 슬퍼요.

Focus Plus

- When the first vowel of an adjective or a verb is either ㅏ or ㅗ, such as 바쁘다 or 고프다, it is used with 아요. On the other hand, when the first vowel of an adjective or a verb is neither ㅏ nor ㅗ, such as 기쁘다 or 쓰다, it is used with 어요.

ex A: 오늘 시간 있어요?
B: 아니요. 오늘은 수업이 많아요. 좀 바빠요.

ex A: 지금 뭘 해요?
B: 생일 축하 카드를 써요.

Answers

① A: 마이클 씨 남동생은 키가 커요?
B: 네. 190cm예요. 키가 아주 커요.

② A: 요코 씨, 어디에 가요?
B: 네, 병원에 가요. 머리가 많이 아파요.

③ A: 왕카이 씨, 저 좀 도와주세요.
B: 정말 미안해요. 지금 제가 너무 바빠요.

④ A: 지금 뭐 해요?
B: 이메일을 써요.

⑤ A: 수업 시간에 휴대 전화를 사용해요?
B: 아니요. 휴대 전화를 꺼요.

Vocabulary & Expression

뭐

뭐 means ***what***. 뭐 and 좀 are short forms of 무엇 and 조금 respectively. 뭘 is short for 무엇을. There are other short forms that are commonly used such as 이건, 그건, 저건, 이게, 그게, 저게, 이걸, 그걸, 저걸, etc.

무엇	뭐	무엇이	뭐가	무엇을	뭘
이것이	이게	이것은	이건	이것을	이걸
그것이	그게	그것은	그건	그것을	그걸
저것이	저게	저것은	저건	저것을	저걸

ex A: 요코 씨, 점심에 뭘 먹어요?
B: 김밥을 먹어요.

ex A: 이게 뭐예요?
B: 그건 전자사전이에요.

Functional Expression

- **Asking people about how they spend the weekend**

When you want to ask what another person does over the weekend, you can use expressions such as 주말에 보통 뭐 해요?, 주말에 어떻게 지내요?, or 주말을 어떻게 보내요?.

ex A: 주말에 보통 뭐 해요? / 주말에 어떻게 지내요? / 주말을 어떻게 보내요?
B: 영화를 봐요.

- **Expressing envy**

If another person has something you are envious of, or something good is going on with that person, you can use sentences such as 좋겠어요 or 부러워요.

ex A: 다음 주부터 휴가예요.
B: 좋겠어요. / 정말 부러워요.

Dialogue

Natasha Sora, what do you usually do on the weekend?
Sora I relax at home on Saturday and do household chores on Sunday.
Natasha Is that so? You don't go out?
Sora I get tired from work. So I usually do not go out on the weekend. What do you do on the weekend, Natasha?
Natasha I go out to eat with my family and go shopping.
Sora That must be really nice, Natasha.
Natasha Yes, but I have lots of household chores to do on the weekdays. So I am quite busy during the weekdays.

p.104

Grammar Focus

–았/었– is a past tense prefinal ending indicating that an action or situation has already happened or ended. In other words, it indicates a past situation or incident. It is attached to an adjective, verb, or N이다. –았– is used if the last vowel of the stem of the adjective or verb is ㅏ or ㅗ, while –었– is used with all the other vowels. For –하다, –하– becomes –했–. For N이다, –이었– is used if the noun ends in a consonant, while –였– is used if it ends in a vowel.

Basic form	–았/었습니다	–았/었어요
싸다	쌌습니다	쌌어요
작다	작았습니다	작았어요
맛있다	맛있었습니다	맛있었어요
가다	갔습니다	갔어요
앉다	앉았습니다	앉았어요
배우다	배웠습니다	배웠어요
먹다	먹었습니다	먹었어요
운동하다	운동했습니다	운동했어요
학생이다	학생이었습니다	학생이었어요
의사이다	의사였습니다	의사였어요

ex A: 수진 씨, 어제 친구를 만났어요?
B: 네, 친구를 만났어요.

ex A: 요코 씨, 오늘 아침에 뭘 먹었어요?
B: 빵과 우유를 먹었어요.

ex A: 나타샤 씨, 지난 주말에 뭐 했어요?
B: 가족과 외출했어요.

ex A: 미셸 씨는 프랑스에서 의사였어요?
B: 아니요, 의사가 아니었어요. 회사원이었어요.

Focus Plus

- The past tense form of 줘요 and 봐요 are 주었어요 and 보았어요, and can they also be contracted to 줬어요 and 봤어요. However, only 왔어요 is allowed for the past tense of 와요.

ex A: 친구 생일에 무엇을 했어요?
B: 선물을 주었어요.
(= 줬어요)

ex A: 고향 친구가 언제 왔어요?
B: 어제 왔어요. (○)
어제 오았어요. (×)

Answers

① A: 나타샤 씨, 지난 휴가에 뭐 했어요?
B: 부산에 갔어요. 부산에서 바다를 봤어요. 그리고 회를 먹었어요.

② A: 유스케 씨, 지난 휴가에 뭐 했어요?
B: 경주에 갔어요. 경주에서 불국사를 구경했어요. 그리고 박물관에 갔어요.

③ A: 진차오 씨, 지난 휴가에 뭐 했어요?.
B: 설악산에 갔어요. 설악산에서 등산했어요. 그리고 사진을 찍었어요.

 p.105

Grammar Focus

도 is a particle that means 'too' or 'also' and is attached to a noun. It is used to add one item or object to another in a given list. 도 is used whether the noun ends in a consonant or a vowel.

Noun	도	Noun	도
티엔	티엔도	회사	회사도
등산	등산도	한국어	한국어도

ex A: 마이클 씨, 어제 뭘 먹었어요?
B: 피자를 먹었어요. 그리고 김밥도 먹었어요.

ex A: 요코 씨, 한국 영화가 재미있어요?
B: 네, 재미있어요. 한국 드라마도 재미있어요.

ex A: 미셸 씨, 제주도에서 뭐 했어요?
B: 수영을 했어요. 그리고 사진도 찍었어요.

ex A: 나타샤 씨, 어제 누구를 만났어요?
B: 이치로 씨를 만났어요. 그리고 오후에 수진 씨도 만났어요.

Focus Plus

- 도 is not used with 이/가, 은/는, or 을/를.

ex 요코 씨는 공부도 잘해요. (○)
요코 씨는 공부를도 잘해요. (×)
요코 씨는 공부도를 잘해요. (×)

ex 교실에 컴퓨터가 없어요. (○)
교실에 컴퓨터가도 없어요. (×)
교실에 컴퓨터도가 없어요. (×)

- When you agree with what another person says, you can respond by using 저도, in which case, 저도요 can be used instead of the full sentence.

ex A: 저는 한국 영화를 좋아해요.
B: 저도요.
(= 저도 한국 영화를 좋아해요)

Answers

① A: 공부를 잘해요?
B: 네, 공부를 잘해요. 그리고 운동도 잘해요.

② A: 갈비를 먹어요?
B: 네, 갈비를 먹어요. 그리고 냉면도 먹어요.

③ A: 볼펜이 싸요?
B: 네, 볼펜이 싸요. 그리고 공책도 싸요.

④ A: 어머니가 예뻐요?
B: 네, 어머니가 예뻐요. 그리고 딸도 예뻐요.

⑤ A: 컴퓨터가 있어요?
B: 네, 컴퓨터가 있어요. 그리고 텔레비전도 있어요.

Vocabulary & Expression

오랜만이에요

오랜만이에요 means ***long time no see***. 오랜만이에요 is a greeting used when you meet a person that you haven't seen for a while. You can also add questions such as 그동안 안녕하셨어요?, 그동안 잘 지냈어요?, or 그동안 어떻게 지냈어요?.

ex A: 수진 씨, 오랜만이에요. 그동안 잘 지냈어요?
B: 네, 잘 지냈어요.

얼마 동안

얼마 동안 means ***how long***. 얼마 동안 is used to ask how long something takes.

ex A: 이치로 씨, 얼마 동안 여행을 다녀왔어요?
B: 일주일 동안 다녀왔어요.

ex A: 수업은 얼마 동안 해요?
B: 네 시간 동안 해요.

3박 4일

3박 4일 means ***three nights four days***. In this expression, 박 is a counting unit of the number of nights for which the person stays outside of home, and 일 counts the number of days. You need to use Sino-Korean numerals such as 일, 이, 삼, 사 before 박 or 일.

ex A: 제주도에 얼마 동안 있었어요?
B: 4박 5일(사박 오일) 동안 있었어요.

ex A: 부산에 얼마 동안 여행했어요?
B: 2박 3일(이박 삼일) 여행했어요.

Functional Expression

- **Asking if the vacation was nice**

When you first see a person who just came back from a vacation, you can ask questions such as 휴가는 잘 보냈어요?, 휴가는 재미있었어요?, 휴가는 잘 다녀왔어요?, and 휴가는 잘 갔다 왔어요? as a greeting.

ex A: 휴가는 잘 보냈어요? / 휴가는 재미있었어요? / 휴가는 잘 다녀왔어요?/ 휴가는 잘 갔다 왔어요?
B: 네, 아주 좋았어요.

Dialogue

Wangkai	Long time no see. Did you spend a nice holiday?
Michael	Yes, it was good.
Wangkai	What did you do during the holiday?
Michael	I went to Jeju Island.
Wangkai	Yeah? How long did you travel?
Michael	I traveled for three nights and four days.
Wangkai	What did you do there?
Michael	I climbed Halla Mountain and I swam at the beach. It was so much fun.

 p.108

Vocabulary & Expression

금요일에 스포츠 뉴스를 안 해요

금요일에 스포츠 뉴스를 안 해요 means ***there is no sports news program on Friday,*** where 하다 means 방송하다(broadcast).

ex A: 스포츠 뉴스는 언제 해요?
B: 수요일 10시에 해요.

ex A: 그 음악 프로그램은 어제 몇 시에 했어요?
B: 어제 오후 2시에 했어요.

Functional Expression

- **Evading answering a difficult question**

When having trouble answering a question, you can use expressions such as 기억이 안 나요, 기억이 잘 안 나요, 생각이 잘 안 나요, etc. In this case, you can express your hesitations by saying 음, 저, 에, or 글쎄요, etc.

ex A: 어제 저녁에 뭐 했어요?
B: 음, 기억이 안 나요. /
저, 기억이 잘 안 나요. /
에, 생각이 잘 안 나요. /
글쎄요, 기억이 안 나요.

Script

Yulia	Yusuke, did you forget our appointment yesterday? I waited for a long time in the first floor lobby.
Yusuke	I'm sorry. I was very busy yesterday.
Yulia	Really? What did you do after class?
Yusuke	After I ate with my classmates, I did homework in the library.
Yulia	Is that so? Then what time did you go home last night?
Yusuke	Last night? Hmm, hmm, I went home at 8. Then I watched television.
Yulia	What program was it?
Yusuke	Mm, I don't remember.
Yulia	Was it the 10 o'clock sports news?
Yusuke	Yes, you are right. It was the sports news. It was very fun.
Yulia	Yusuke, there is no sports news program at 10 on Friday. Were you dating with some other girl at that time?

Answers

(1) 네 Yes, they had an appointment. Yulia waited for Yusuke in the first floor lobby yesterday.

(2) 아니요 No, there is no 10 o'clock sports news on TV on Friday.

(3) 네 Yes, the sports news is not broadcasted on Friday night. But Yusuke said he saw the sports news last night. Yusuke lied.

Vocabulary & Expression

문화 수업을 갔습니다

문화 수업을 갔습니다 means *(I) went to my culture study class*. You can use 을/를 instead of 에 in order to show the purpose of moving.

ex A: 지난 금요일에 무엇을 했습니까?
B: 문화 수업을 갔습니다.

ex A: 어제 무엇을 했습니까?
B: 친구 결혼식을 갔습니다.

많이

많이 means *a lot*. Adverbs such as 많이 or 조금 should normally come right before the predicate that they modify.

ex 저는 불고기를 많이 먹었습니다. (○)
많이 저는 불고기를 먹었습니다. (×)

Functional Expression

- **Expressing things to do in chronological order**
  In order to express what you did in the past in chronological order, you can use expressions such as N 후에, 그리고, 그다음에, etc.

  ex 어제 티엔 씨와 점심 식사 후에 차를 마셨습니다. /
  어제 티엔 씨와 점심을 먹었습니다. 그리고 차를 마셨습니다. /
  어제 티엔 씨와 점심을 먹었습니다. 그다음에 차를 마셨습니다.

Text

At the Folk Village

I went to my culture class last Friday. I went to the Folk Village with my teacher and classmates. We arrived at the Folk Village at around 11. We saw old Korean houses at the Folk Village. We also saw a traditional Korean wedding ceremony. Then, we ate at a restaurant inside the Folk Village. I had a spicy tofu stew and Yoko had Bulgogi. It was delicious. After lunch, we took lots of pictures. We also bought souvenirs. We came back to Seoul at around 4. I was a bit tired. However, It was fun.

Answers

(1) ① 아니요 No, we arrived at the Folk Village at around 11 last Friday. Then, at around 4 we came back to Seoul.

② 아니요 No, we took lots of pictures after lunch. We bought souvenirs.

③ 아니요 No, I had a spicy tofu stew and Yoko had Bulgogi.

④ 네 Yes, we saw old Korean houses at the Folk Village. We also saw a traditional Korean wedding ceremony.

Vocabulary Check

▶ **Tick off the words and expressions that you know.**

시간 (2)	Time (2)
☐ 어제	yesterday
☐ 오늘	today
☐ 내일	tomorrow
☐ 지난주	last week
☐ 이번 주	this week
☐ 다음 주	next week
☐ 지난달	last month
☐ 이번 달	this month
☐ 다음 달	next month
☐ 작년	last year
☐ 올해	this year
☐ 내년	next year
☐ 평일	weekday
☐ 주말	weekend
☐ 옛날	old days, old times

주말 활동 (1)	Weekend Activities (1)
☐ 가족과 외출하다	to go out with the family
☐ 낮잠을 자다	to take a nap
☐ 노래방에 가다	to go to Karaoke
☐ 등산하다	to climb a mountain
☐ 산책하다	to take a walk
☐ 쇼핑하다	to go shopping
☐ 여행하다	to travel
☐ 외식하다	to eat out
☐ 운전하다	to drive
☐ 집안일을 하다	to do household chores

약속 (1)	Appointment (1)
☐ 데이트를 하다	to date
☐ 약속을 바꾸다	to change an appointment
☐ 약속을 잊다	to forget an appointment
☐ 약속이 있다	to have an appointment
☐ 약속하다	to make an appointment
☐ 친구를 기다리다	to wait for a friend

여행	Traveling
☐ 구경하다	to look around
☐ 기념품	souvenir
☐ 놀이 기구를 타다	to ride the rides
☐ 놀이동산에 가다	to go to an amusement park
☐ 도착하다	to arrive
☐ 돌아오다	to come back
☐ 말을 타다	to ride a horse
☐ 바닷가에서 수영하다	to swim at the beach
☐ 박물관에 가다	to go to a museum
☐ 산에 올라가다	to climb a mountain
☐ 출발하다	to set out, to depart

PART1 준비합시다 01 • 나이

p.114

Grammar Focus

When you talk about age, you use 살 or 세. 살 usually comes after native Korean numerals as in 열 살, 스무 살. 세 comes after Sino-Korean numerals or Arabic numerals as in 10세(십 세) or 20세(이십 세). Also, you can omit 살 or 세 and use only the number, in which case you can say 스물둘입니다 instead of 스물두 살입니다.

1	2	3	4	5	6	7	8	9	10
하나	둘	셋	넷	다섯	여섯	일곱	여덟	아홉	열
한 살	두 살	세 살	네 살	다섯 살	여섯 살	일곱 살	여덟 살	아홉 살	열 살
11	12	13	14	15	16	17	18	19	20
열하나	열둘	열셋	열넷	열다섯	열여섯	열일곱	열여덟	열아홉	스물
열한 살	열두 살	열세 살	열네 살	열다섯 살	열여섯 살	열일곱 살	열여덟 살	열아홉 살	스무 살

ex A: 마이클 씨는 몇 살입니까?
B: 스물한 살입니다.

ex A: 요코 씨, 동생이 몇 살입니까?
B: 열일곱 살입니다.

ex A: 이 놀이 기구는 몇 살부터 탑니까?
B: 8세(팔 세)부터 탑니다.

ex A: 나타샤 씨, 언니가 몇 살입니까?
B: 서른입니다.

ex A: 미셸 씨는 올해 나이가 어떻게 되십니까?
B: 마흔입니다.

Focus Plus

- 스물, meaning 20, becomes 스무 when 스물 is attached to the unit noun 살.

ex A: 나타샤 씨 여동생은 지금 몇 살이에요?
B: 스무 살이에요.

ex A: 마이클 씨는 언제 대학교에 갔어요?
B: 저는 스무 살에 갔어요.

Answers

① A: 이 사람은 누구입니까?
B: 왕카이 씨입니다.
A: 왕카이 씨는 몇 살입니까?
B: 열아홉 살입니다.

② A: 이 사람은 누구입니까?
B: 나타샤 씨입니다.
A: 나타샤 씨는 몇 살입니까?
B: 서른세 살입니다.

③ A: 이 사람은 누구입니까?
B: 미셸 씨입니다.
A: 미셸 씨는 몇 살입니까?
B: 스물한 살입니다.

④ A: 이 사람은 누구입니까?
B: 티엔 씨입니다.
A: 티엔 씨는 몇 살입니까?
B: 스물두 살입니다.

⑤ A: 이 사람은 누구입니까?
B: 요코 씨입니다.
A: 요코 씨는 몇 살입니까?
B: 스물다섯 살입니다.

⑥ A: 이 사람은 누구입니까?
B: 마이클 씨입니다.
A: 마이클 씨는 몇 살입니까?
B: 스물일곱 살입니다.

Grammar Focus

은/는 is a particle that is attached to a noun to contrast two or more things and talk about each. 은 is used if the noun ends in a consonant, while 는 is used if it ends in a vowel.

Noun	은	Noun	는
형	형은	나	나는
학생	학생은	친구	친구는

ex A: 형과 동생은 모두 키가 큽니까?
B: 아니요. 형은 키가 큽니다. 동생은 키가 작습니다.

ex A: 남동생과 여동생은 어떤 과일을 좋아합니까?
B: 남동생은 사과를 좋아합니다. 여동생은 수박을 좋아합니다.

ex A: 수진 씨와 요코 씨는 어느 나라 사람입니까?
B: 수진 씨는 한국 사람입니다. 요코 씨는 일본 사람입니다.

ex A: 오빠와 언니가 모두 학생입니까?
B: 아니요. 오빠는 학생입니다. 언니는 회사원입니다.

Focus Plus

- 은/는 cannot be used with 이/가 or 을/를.

ex 사과는 쌉니다. 수박은 비쌉니다. (○)
사과가는 쌉니다. 수박이는 비쌉니다. (×)
사과는가 쌉니다. 수박은이 비쌉니다. (×)

ex 저는 빵은 좋아합니다. 과자는 안 좋아합니다. (○)
저는 빵을은 좋아합니다. 과자를는 안 좋아합니다. (×)
저는 빵은을 좋아합니다. 과자는를 안 좋아합니다. (×)

- By using 그렇지만 or 그런데, the contrast becomes clear.

ex A: 나타샤 씨는 불고기와 삼겹살을 모두 좋아합니까?
B: 아니요. 불고기는 좋아합니다. 그렇지만 삼겹살은 싫어합니다.

ex A: 요코 씨는 영화와 드라마를 모두 좋아합니까?
B: 아니요. 영화는 좋아합니다. 그런데 드라마는 안 좋아합니다.

Answers

① 시장은 쌉니다. 백화점은 비쌉니다. ② 마이클 씨는 수영은 잘합니다. 농구는 못합니다.
③ 요코 씨는 사과는 좋아합니다. 수박은 싫어합니다.

Vocabulary & Expression

누구를 닮았어요?

누구를 닮았어요? means ***who do you look like (in your family)?***. This expression is used when the appearance or quality of a person or thing is similar to someone or something else. When introducing your family you are asked 누구를 닮았어요?, you can pick a person in your family whose appearance or personality is similar to you using this expression. In addition, you might want to tell the person what aspects you have in common.

ex A: 요코 씨는 누구를 닮았어요?
B: 얼굴은 엄마를 닮았어요. 그런데 성격은 아빠와 비슷해요.

ex A: 마이클 씨는 누구를 닮았어요?
B: 얼굴은 아빠하고 똑같아요. 그런데 성격은 할아버지를 닮았어요.

ex A: 이치로 씨는 누구를 닮았어요?
B: 얼굴은 아빠와 비슷하지만 성격은 엄마와 똑같아요.

Functional Expression

- **Asking and answering about the number of siblings**

When asking how many siblings another person has, you can say 형제가 어떻게 돼요?, 형제가 몇 명이에요?, 형제가 몇 명 있어요?, etc. Such questions are answered by specifically stating the number of siblings, as in N이/가 N 명 있어요. If you have no siblings, you can just say 저 혼자예요.

ex A: 형제가 어떻게 돼요? / 형제가 몇 명이에요? / 형제가 몇 명 있어요?
B: 남동생이 둘이에요. / 남동생 두 명이 있어요. / 남동생이 두 명 있어요.

ex A: 형제가 몇 명이에요?
B: 저는 형제가 없어요. 저 혼자예요.

Dialogue

Soojin	Yoko, how many siblings do you have?
Yoko	I have one older sister.
Soojin	Who do you look like in your family, Yoko?
Yoko	I take after my dad, but my sister looks a lot like my mom.
Soojin	Really? How old is your sister?
Yoko	She is twenty six years old.
Soojin	Does she like to work out as well?
Yoko	No, she doesn't like exercise. She likes movies.

p.118

Grammar Focus

–(으)시– is used when a speaker politely wants to show respect for the subject of a sentence. Normally, the subject of the sentence is older in age or higher in rank than the speaker. In a past tense sentence, you should use –(으)셨–.

Basic form	–(으)십니다	–(으)세요	–(으)셨습니다	–(으)셨어요
가다	가십니다	가세요	가셨습니다	가셨어요
읽다	읽으십니다	읽으세요	읽으셨습니다	읽으셨어요
공부하다	공부하십니다	공부하세요	공부하셨습니다	공부하셨어요
듣다	들으십니다	들으세요	들으셨습니다	들으셨어요
만들다	만드십니다	만드세요	만드셨습니다	만드셨어요

ex A: 선생님이 지금 무엇을 하십니까?
B: 책을 읽으십니다.

ex A: 아버지가 언제 운동하십니까?
B: 아침에 운동하십니다.
그렇지만 오늘은 운동 안 하셨습니다.

ex A: 부모님이 한국에 언제 오세요?
B: 오늘 오후에 오세요.
그리고 이번 주말에 돌아가세요.

ex A: 요코 씨가 이 케이크를 직접 만들었어요?
B: 아니요. 어머니가 만드셨어요.

Focus Plus

- 있다 is used either as a verb meaning 'to stay in a certain place', or as an adjective meaning 'to possess something or have some time to spare' or 'to have a person with whom one has a very close relationship'. The honorific forms of 있다 are 계시다 and 있으시다. 계시다 is usually used as the honorific form of the verb 있다 and 있으시다 is usually used as the honorific form of the adjective 있다.

ex A: 요코 씨, 선생님이 교실에 계세요?
B: 아니요. 교실에 안 계세요. 사무실에 계세요.

ex A: 선생님, 오늘 오후에 시간이 있으세요?
B: 네, 시간이 있어요.

ex A: 마이클 씨는 형이 있으세요?
B: 네. 저는 형이 하나, 누나가 하나 있어요.

Answers

① B: 화요일 오전에 집에서 쉬셨어요. 오후에 산책하셨어요.
② B: 수요일 오전에 친구를 만나셨어요. 오후에 낮잠을 주무셨어요.
③ B: 목요일에 학원에서 운전을 배우셨어요.
④ B: 금요일 오전에 골프를 치셨어요. 오후에 책을 읽으셨어요.
⑤ B: 토요일에 여행을 가셨어요. 아버지는 여행을 좋아하세요.
⑥ B: 일요일에 영화를 보셨어요. 아버지는 영화를 좋아하세요.

Grammar Focus

When the stem of an adjective or a verb that has ㄹ as its final consonant is followed by ㄴ, ㅂ, or ㅅ, the final consonant ㄹ is dropped.

Basic form	-아/어요	-ㅂ/습니다	-(으)십니다	-(으)세요
살다	살아요	삽니다	사십니다	사세요
알다	알아요	압니다	아십니다	아세요
열다	열어요	엽니다	여십니다	여세요
팔다	팔아요	팝니다	파십니다	파세요
만들다	만들어요	만듭니다	만드십니다	만드세요

ex A: 마이클 씨는 어디에서 삽니까?
B: 신촌에서 삽니다.

ex A: 보통 서점은 몇 시에 문을 엽니까?
B: 오전 9시에 엽니다.

ex A: 이치로 씨, 어머니가 지금 무엇을 하세요?
B: 비빔밥을 만드세요.

ex A: 요코 씨, 옆 반의 이치로 씨를 압니까?
B: 네, 알아요. 제 친구예요.

ex A: 아주머니, 이 식당에서는 무슨 음식을 팝니까?
B: 불고기와 냉면을 팝니다.

ex A: 부모님은 어디에서 사세요?
B: 미국에서 사십니다.

Focus Plus

- -(으)세요 can be used for both honorific sentences (See 『이화 한국어 1-1』 Chapter 7, p.118) and imperative sentences. (See 『이화 한국어 1-1』 Chapter 4, p.72)

ex A: 요코 씨, 크리스마스카드를 직접 만드세요?
B: 네, 저는 제가 직접 만들어요.

ex A: 아주머니, 토요일은 몇 시에 식당 문을 여세요?
B: 오전 열 시에 열어요.

ex A: 마이클 씨도 빨리 케이크를 만드세요.
B: 네, 알았어요. 지금 만들게요.

ex A: 이치로 씨, 창문을 좀 여세요.
B: 네, 알았어요. 지금 열게요.

Answers

① A: 요코 씨, 창문을 좀 여세요.
교실이 너무 덥습니다.
B: 알겠습니다.

③ A: 고향이 어디입니까?
B: 대전입니다. 서울에서 조금 멉니다.

⑤ A: 민수 씨가 지금 무엇을 합니까?
B: 의자를 만듭니다.

② A: 마이클 씨 전화번호를 아세요?
B: 네, 잠깐만요. 010-2370-8845입니다.

④ A: 수미 씨 언니도 머리가 깁니까?
B: 아니요, 언니는 머리가 안 깁니다.

Grammar Focus

만 is a particle used to emphasize choosing only one out of many or being the only one. 만 is used whether the noun it is attached to ends in a consonant or a vowel.

Noun	만	Noun	만
형	형만	오빠	오빠만
학생	학생만	친구	친구만

ex A: 마이클 씨의 형과 누나는 대학생이에요?
B: 아니요. 형만 대학생이에요. 누나는 회사원이에요.

ex A: 이치로 씨의 형제들은 모두 커피를 좋아해요?
B: 아니요. 여동생만 커피를 좋아해요. 저와 형은 커피를 싫어해요.

ex A: 요코 씨, 가족도 서울에서 살아요?
B: 아니요. 가족은 일본에서 살아요. 저만 서울에서 살아요.

ex A: 미셸 씨, 왜 학교에 안 갔어요? 오늘은 수업이 없어요?
B: 네. 오늘만 수업이 없어요.

Focus Plus

- When 만 is attached to the subject or object of a sentence, only 만 should be attached without any subject particle 이/가 or object particle 을/를.

ex A: 우리 반 친구 모두 왔어요?
B: 아니요. 마이클 씨만 왔어요. (○)
아니요. 마이클 씨가만 왔어요. (×)

ex A: 마이클 씨는 어제 뭐 했어요?
B: 집에서 하루 종일 책만 읽었어요. (○)
집에서 하루 종일 책을만 읽었어요. (×)

Pronunciation

How to pronounce 지 in 지금

In order to pronounce 지 in 지금, first touch your hard palate with your tongue and then detach your tongue just a little bit from the palate while slowly releasing the air from your mouth. Try not to stick out your lips forward. Be careful not to pronounce 지 in the same way as ge[dʒ] in ***change***[tʃeɪndʒ].

Answers

① A: 요코 씨 친구들은 모두 직장에 다녀요?
B: 아니요. 마이클 씨만 직장에 다녀요.

② A: 요코 씨 친구들은 모두 서울에서 살아요?
B: 아니요. 나타샤 씨만 서울에서 살지 않아요.

③ A: 요코 씨 친구들은 매일 운동을 해요?
B: 아니요. 왕카이 씨만 매일 운동을 해요.

Vocabulary & Expression

연세

연세 is an honorific form of 나이(age). There are many other honorific forms including 분 for 사람, 생신 for 생일, 댁 for 집, 말씀 for 말, and 진지 for 밥.

ex A: 이치로 씨, 어머니의 연세가 어떻게 되세요?
B: 쉰이세요.

ex A: 미셸 씨, 왜 케이크를 샀어요?
B: 오늘이 아버지 생신이에요. 그래서 케이크를 샀어요.

ex A: 선생님, 질문이 있습니다.
B: 네, 말씀하세요.

ex A: 민수 씨, 학교에 영어 선생님이 몇 분 계십니까?
B: 두 분 계십니다.

ex A: 마이클 씨, 박영민 선생님은 어디에서 사세요?
B: 박영민 선생님 댁은 신촌이에요.

ex A: 선생님, 진지 드셨어요?
B: 네, 먹었어요.

Functional Expression

- **Asking about someone's age**

When you ask about another person's age, you can say 몇 살이에요? or 나이가 어떻게 되세요?. However, asking itself can be considered to be rude if you have just met the person. Therefore, if you must ask for another person's age for a certain reason, you can say 실례지만 나이가 어떻게 되세요?.

ex A: 마이클 씨의 형은 몇 살이에요? /
마이클 씨의 형 나이가 어떻게 되세요? /
마이클 씨의 형은 나이가 어떻게 됩니까? /
실례지만 마이클 씨 형 나이가 어떻게 돼요?
B: 서른하나예요.

Dialogue

Yoko	Michael, how many are there in your family?
Michael	Four altogether. I have my mom, dad, and my older brother.
Yoko	How old are your parents?
Michael	My dad is fifty eight, and my mom is fifty six.
Yoko	Do they all live in the States?
Michael	No, only my parents live in the States. My brother and I live in Korea.
Yoko	Really? What does he do?
Michael	He is a reporter.

PART3 들어 봅시다　가족사진에 대한 대화 듣기

p.124

Vocabulary & Expression

돌

돌 means ***a child's first birthday***. 돌 indicates the day a child becomes a year old. It is also called 첫 돌. Generally, the second birthday is called 두 돌 and the third birthday is called 세 돌, but people do not really use 돌 for birthdays after the third year.

ex A: 이 사진은 언제 찍었어요?
B: 작년 아들 돌에 찍었어요.

ex A: 이번 주 토요일이 우리 아이 첫 돌이에요.
B: 축하해요.

Functional Expression

- **Asking if someone has a paid job**

When you ask if someone has a paid job or work, you can use expressions such as 직장에 다니세요?, 일 하세요?, 직장에 나가세요?, etc.

ex A: 직장에 다니세요? / 일 하세요? / 직장에 나가세요?
B: 네, 직장에 다녀요. / 네, 일해요. / 네, 직장에 나가요.

Script

Michael	Is this your family picture, Yeongmin?
Park Yeongmin	Yes, we took it on my son's first birthday last year.
Michael	When did you get married, Yeongmin?
Park Yeongmin	Six years ago.
Michael	Really? Is this your wife?
Park Yeongmin	Yes, it's my wife.
Michael	Your wife is really beautiful. Does she work too?
Park Yeongmin	No, she used to work before she got married, but not any more.
Michael	So these are your son and daughter. How old are they?
Park Yeongmin	My daughter is 5, and my son is 3.
Michael	I see. Your son looks like you, Yeongmin.

Answers

(1) 작년 아들 돌 때　(2) ① 5살　② 3살

(3) ②　Yeongmin got married six years ago. His wife used to work before she got married.

Vocabulary & Expression

내년에 대학교에 갑니다

내년에 대학교에 갑니다 means ***(I) am going to start college next year***. The verb 가다 usually indicates moving from one place to another. However, 대학교에 가다 does not mean that the subject moves to a collage, but rather that the subject has been admitted to a college.

ex A: 우리 아들이 작년에 대학교에 갔어요.
B: 정말 축하해요.

ex A: 우리 딸이 올해 이화여자대학교에 갑니다.
B: 정말 축하드립니다.

Functional Expression

- **Introducing one's major**

When you introduce your major field of study in college, you can say N을/를 공부합니다. You can also say the name of your major as in 제 전공은 N입니다, 저는 N을/를 전공합니다, or 저는 N을/를 전공하고 있습니다.

ex A: 박영민 씨는 전공이 뭐예요?
B: 제 전공은 법학입니다. / 저는 법학을 공부합니다. / 저는 법학을 전공합니다. / 저는 대학교에서 법학을 공부하고 있습니다.

- **Talking about your future goal**

When you talk about your dream job, what you want to do, or future career, you may use the specific name of the occupation and say 제 꿈은 N입니다, N이/가 되고 싶습니다, or N이/가 꿈입니다.

ex A: 마이클 씨는 꿈이 뭐예요?
B: 저는 수학을 전공합니다. 제 꿈은 수학 선생님입니다. /
제 전공이 수학입니다. 저는 수학 선생님이 되고 싶습니다. /
저는 수학을 전공하고 있습니다. 수학 선생님이 제 꿈입니다.

Text

My Family

There are five people altogether in my family. There are Mom, Dad, my older sister, my younger brother, and me. My father is a police officer. My mom teaches math at a junior high school. My sister is a nurse. She got married last year. My brother is a senior in high school. He is going to college next year. I am a senior at Hankuk University. I study law. My dream is to become a lawyer.

Answers

(1) ① 경찰관 ② 교사(선생님) ③ 간호사

(2) ② His dream is to become a lawyer. And his older sister got married last year.

Vocabulary Check

▶ **Tick off the words and expressions that you know.**

가족	Family
☐ 할아버지	grandfather
☐ 할머니	grandmother
☐ 외할아버지	maternal grandfather
☐ 외할머니	maternal grandmother
☐ 아버지	father
☐ 어머니	mother
☐ 아빠	dad
☐ 엄마	mom
☐ 부모	parents
☐ 형	older brother (when the younger sibling is male)
☐ 오빠	older brother (when the younger sibling is female)
☐ 누나	older sister (when the younger sibling is male)
☐ 언니	older sister (when the younger sibling is female)
☐ 남동생	younger brother
☐ 여동생	younger sister
☐ 형제	brothers, sibling
☐ 자매	sisters
☐ 남편	husband
☐ 아내	wife
☐ 부인	somebody else's wife
☐ 아들	son
☐ 딸	daughter

직업 (2)	Occupation (2)
☐ 간호사	nurse
☐ 경찰관	police officer
☐ 공무원	public servant
☐ 교사	teacher
☐ 교수	professor
☐ 기자	journalist
☐ 미용사	hairdresser
☐ 변호사	lawyer
☐ 사업가	businessman
☐ 약사	pharmacist
☐ 통역사	interpreter

외모	Appearance
☐ 닮다	to take after
☐ 안경을 쓰다	to wear glasses
☐ 예쁘다	to be pretty
☐ 잘생기다	to be good-looking
☐ 키가 작다	to be short
☐ 키가 크다	to be tall

교육 제도	Education System
☐ 유치원	kindergarten
☐ 초등학교	elementary school
☐ 중학교	junior high school, middle school
☐ 고등학교	high school
☐ 대학교	college, university
☐ 대학원	graduate school
☐ 학기	semester
☐ 학년	grade

높임 표현	Honorific Word Forms
☐ 계시다	to stay
☐ 댁	house, home
☐ 돌아가시다	to die
☐ 드시다	to eat
☐ 분	person
☐ 생신	birthday
☐ 연세	age
☐ 주무시다	to sleep

Glossary

Ⓣ Textbook Ⓢ Study Guide

가고 싶다 to want to go Ⓣ 79
가구 furniture Ⓢ 49
가깝다 to be close Ⓣ 74, 75
가다 to go Ⓣ 85, 101 Ⓢ 30, 35, 44, 45, 52, 55, 59, 60, 61, 64, 69, 73, 78
가르치다 to teach Ⓣ 53, 84, 88 Ⓢ 39
가방 bag Ⓣ 36, 66, 68, 82, 105 Ⓢ 20, 29, 31, 36, 40, 41, 42, 50, 52
가수 singer Ⓣ 40 Ⓢ 23, 29
가위 scissors Ⓣ 27 Ⓢ 19
가전제품 home appliances Ⓢ 49
가족 family Ⓣ 101, 103, 110, 119, 120, 123, 125, 126 Ⓢ 26, 42, 64, 69, 75, 76, 77, 79
간호사 nurse Ⓣ 121, 125 Ⓢ 78, 79
갈비 galbi (marinated beef ribs) Ⓣ 105 Ⓢ 65
갈잎 fallen leaves Ⓣ 127
감전되다 to be electrocuted Ⓣ 111
강 river Ⓣ 30 Ⓢ 16
강변 riverside Ⓣ 127
강사 lecturer Ⓢ 29
강아지 puppy Ⓣ 30 Ⓢ 16
같이 together Ⓣ 103, 109, 132 Ⓢ 55, 62
개 dog Ⓣ 27 Ⓢ 19
개 unit for counting things Ⓣ 68, 82 Ⓢ 10, 26, 50, 70
개구리 frog Ⓣ 47
거기 there Ⓣ 107 Ⓢ 40, 41, 47
거실 living room Ⓣ 68, 77, 78 Ⓢ 42, 29
거울 mirror Ⓢ 29
거짓말을 하다 to tell a lie Ⓣ 108
건너편 opposite, across Ⓣ 69 Ⓢ 41, 46, 49
검정색 black (color) Ⓢ 36
결혼식 wedding ceremony Ⓣ 56, 109 Ⓢ 34, 35, 68
결혼하다 to marry Ⓣ 120 Ⓢ 62
경복궁 Gyeongbokgung (Palace) Ⓣ 58, 59
경주 Gyeongju Ⓣ 104 Ⓢ 64
경찰관 policeman Ⓣ 121, 125 Ⓢ 78, 79
계단 stairs, step, staircase Ⓢ 45
계시다 to be (honorific form) Ⓢ 73. 79
고등학교 high school Ⓣ 62, 125 Ⓢ 79
고맙다 to thank (you) Ⓣ 71, 74 Ⓢ 44
고백 confession Ⓣ 111
고향 hometown Ⓣ 119, 127 Ⓢ 64, 74
곧장 directly Ⓣ 75 Ⓢ 46, 49
공 ball Ⓣ 30, 31 Ⓢ 16, 19
공공장소 public places Ⓢ 49
공무원 public servant Ⓣ 121 Ⓢ 79
공부 study Ⓣ 54, 55, 105 Ⓢ 30, 32, 33, 61, 62, 65
공부하다 to study Ⓣ 50, 53, 88, 90, 99 Ⓢ 30, 32, 39, 44, 54, 55, 61, 73, 78
공원 park Ⓣ 98, 101, 104 Ⓢ49, 60
공책 notebook Ⓣ 36, 67, 105 Ⓢ 20, 21, 23, 29, 41, 42, 65
교사 teacher Ⓣ 121 Ⓢ 78, 79
교수 professor Ⓣ 123 Ⓢ 73, 76, 69
교실 classroom Ⓣ 44, 57, 60, 61, 72, 82, 87, 98, 119 Ⓢ 24, 35, 39, 42, 44, 50, 54, 59, 65, 73, 74
교육 제도 education system Ⓢ 79
교육 프로그램 education program Ⓢ 59
구경하다 to look around Ⓣ 104 Ⓢ 69
구두 shoe Ⓣ 25, 105 Ⓢ 19
국적 nationality Ⓢ 29
귀 ear Ⓣ 27 Ⓢ 19

그것 that Ⓣ 66 Ⓢ 40, 62, 63

그래서 so Ⓣ 78, 93, 94, 103, 110 Ⓢ 35, 55

그렇지만 but Ⓣ 46, 54, 55, 94, 99, 109, 117, 126 Ⓢ 33, 57, 61, 62, 71, 73

그리고 and Ⓣ 62, 75, 77, 89, 91, 93, 99, 103, 104, 105, 107, 109, 126 Ⓢ 55, 56, 61, 64, 65, 68, 73

그리움 longing Ⓣ 111

근처 near Ⓣ 74, 75 Ⓢ 46, 49

금 모래빛 golden sand Ⓣ 127

금요일 Friday Ⓣ 127 Ⓢ 36, 37, 53, 54, 67, 68, 73

기념품 souvenir Ⓣ 109 Ⓢ 69

기다리다 to wait Ⓣ 52 Ⓢ 69

기쁘다 to be happy, to be glad Ⓢ 62

기숙사 dormitory Ⓣ 57, 70, 92, 98 Ⓢ 35, 39, 40, 41

기억 memory Ⓣ 108, 109 Ⓢ 67

기억이 나다 to come to remembrance Ⓢ 67

기자 journalist Ⓣ 121, 122, 123 Ⓢ 79

기차 train Ⓢ 60

길 street, road Ⓣ 30 Ⓢ 16

길다 to be long Ⓣ 119

김밥 kimbab (rice rolled in dried laver) Ⓣ 52, 105 Ⓢ 32, 55, 63

김치 kimchi Ⓣ 33

꼬리 tail Ⓣ 29 Ⓢ 19

꽃 flower Ⓣ 30, 31, 77, 111, 127 Ⓢ 19, 20

꿈 dream Ⓣ 125 Ⓢ 78

끄다 to turn off Ⓣ 100 Ⓢ 62

끝 end Ⓣ 30 Ⓢ 16, 19

끝나다 to end Ⓣ 53 Ⓢ 39, 55, 56

나무 tree Ⓣ 25, 77 Ⓢ 19

나이 age Ⓣ 99, 114, 116, 117, 118, 123 Ⓢ 70, 76

날짜 date Ⓣ 56, 58, 59, 61, 86 Ⓢ 34, 53

남동생 younger brother Ⓣ 100, 117, 121, 125 Ⓢ 71, 72, 79

남편 husband Ⓢ 79

낮 daytime Ⓣ 30 Ⓢ 19, 56, 59

낮잠을 자다 to take a nap Ⓣ 99, 101, 118 Ⓢ 61, 69, 73

내년 next year Ⓣ 101, 125 Ⓢ 69, 78

내일 tomorrow Ⓣ 101 Ⓢ 34, 35, 38, 44, 52, 54, 61, 69

냉면 naengmyeon (cold noodle dish) Ⓣ 105 Ⓢ 65, 74

냉장고 refrigerator Ⓢ 49

넋 soul, spirit Ⓢ 17

넓다 to be wide/large Ⓢ 17

네 yes Ⓣ 36, 39, 50, 55, 72, 75, 82, 87, 103, 105, 107 Ⓢ 20, 21, 23, 28, 30, 31, 32, 35, 37, 38, 40, 41, 44, 46, 47, 48, 52, 54, 55, 61, 62, 64, 65, 66, 67, 68, 73, 74, 75, 76

노래 교실 singing class Ⓣ 87 Ⓢ 59

노래를 부르다 to sing a song Ⓣ 62

노래방 karaoke room Ⓣ 89, 101 Ⓢ 55, 69

놀러 오다 to come over Ⓣ 77

놀이 기구 rides Ⓣ 98 Ⓢ 70

놀이 기구를 타다 to ride the rides Ⓣ 98 Ⓢ 60, 69, 70

놀이동산 amusement park Ⓣ 98 Ⓢ 60, 69

농구 basketball Ⓣ 115 Ⓢ 71

높임 표현 honorific word forms Ⓢ 79

누구 who Ⓣ 45, 114, 116, 117, 127 Ⓢ 31, 32, 33, 40, 48, 70, 72

누나 older sister Ⓣ 121, 125, 126, 127 Ⓢ 73, 75, 79

눈 eye Ⓣ 30 Ⓢ 16, 62

맞은편 across Ⓣ 69, 74, 75 Ⓢ 41, 45, 49
매일 every day Ⓣ 86, 87, 90, 91, 120 Ⓢ 59, 62, 75
매점 store Ⓣ 70, 71 Ⓢ 39, 43
맵다 to be spicy Ⓢ 33
머리 head, hair Ⓣ 25, 100, 119 Ⓢ 19, 59, 74
머리를 감다 to wash one's hair Ⓢ 59
먹다 to eat Ⓣ 50, 52, 104, 105, 118 Ⓢ 55, 58, 60, 61, 63
먼저 first Ⓣ 46 Ⓢ 48
멀다 to be far Ⓣ 119 Ⓢ 74
멋있다 to be nice Ⓣ 77, 135
며칠 what date Ⓣ 56, 58, 59 Ⓢ 34, 36, 53
명동 Myeong-dong Ⓢ 48, 55
몇 how many Ⓣ 82, 95, 117, 123 Ⓢ 26, 50, 70, 72, 76
모두 all Ⓣ 115, 119, 120, 122, 123, 124, 125 Ⓢ 44, 71, 75, 76
모르다 to not know Ⓣ 95 Ⓢ 67
모임 meeting Ⓣ 61 Ⓢ 38
모임이 있다 there is a meeting Ⓣ 61 Ⓢ 38, 39
목요일 Thursday Ⓣ 59, 90, 91, 118 Ⓢ 36, 38, 52, 54, 73
모자 hat Ⓣ 51 Ⓢ 20, 31, 50
몸 body Ⓣ 30 Ⓢ 16, 19
못하다 to be unable to do Ⓣ 115 Ⓢ 71
몽골 사람 Mongolian Ⓣ 37 Ⓢ 21, 29
무슨 요일 what day Ⓣ 58, 59 Ⓢ 36, 52, 58
무슨 일 what work/job Ⓣ 42, 43, 90, 91, 122, 123 Ⓢ 25, 31, 52, 55
무엇 what Ⓣ 41, 52, 55, 66, 68, 98, 119 Ⓢ 20, 24, 25, 32, 33, 38, 40, 42, 50, 55, 60, 63, 34, 38, 73, 74
무역 회사 trading company Ⓣ 91

문 door Ⓣ 30, 92, 93 Ⓢ 16, 74, 58
문을 닫다 to close the door Ⓣ 92, 93 Ⓢ 58, 59
문화 센터 culture center Ⓣ 87 Ⓢ 59
문화 수업 culture study class Ⓣ 56, 58, 59, 109 Ⓢ 34, 36, 38, 39, 68
묻다 to ask Ⓣ 87 Ⓢ 39, 53
물건 object Ⓣ 36, 66, 67, 68, 76, 82, 105 Ⓢ 40
뭐 what Ⓣ 91, 103, 104, 107 Ⓢ 32, 52, 55, 56, 63, 64, 67, 75, 77, 78
미국 사람 American Ⓣ 37, 40 Ⓢ 21, 22, 23, 29, 30, 31
미안하다 to be sorry Ⓣ 100 Ⓢ 28
미용사 hairdresser Ⓣ 121 Ⓢ 79
민속촌 folk village Ⓣ 109
밑 under Ⓣ 69, 78 Ⓢ 41, 45, 49

바나나 banana Ⓣ 25 Ⓢ 19
바닷가 seaside Ⓣ 106, 107 Ⓢ 69
바닷가에서 수영하다 to swim at the beach Ⓢ 69
바로 옆 right beside Ⓣ 69 Ⓢ 41, 45, 49
바쁘다 to be busy Ⓣ 93, 100, 102 Ⓢ 62
바지 pants Ⓣ 25, 51 Ⓢ 19, 31
박물관 museum Ⓣ 104 Ⓢ 64, 69
밖 outside Ⓣ 30, 104, 127 Ⓢ 16, 19, 49
반 class Ⓣ 109 Ⓢ 74, 75, 26
반갑다 to be glad Ⓣ 43 Ⓢ 27, 43
반짝이는 shining Ⓣ 127
밟다 to step on Ⓢ 17
밤 nighttime Ⓣ 30 Ⓢ 16, 56, 57, 59
밥 meal, rice Ⓣ 30 Ⓢ 16, 18, 58, 76
방 room Ⓣ 31, 67, 68, 70, 71, 77, 78, 118 Ⓢ 16, 19, 42, 59, 62

About the Authors

장세영 Se Young Jang
이화여자대학교 언어교육원 강사 Instructor of ELC, Ewha Womans University
경희대학교 교육대학원 외국어로서의 한국어교육 전공 석사
M.A. in Korean Language Education as a Foreign Language, Kyung hee University

장채린 Chae Rin Jang
전 이화여자대학교 언어교육원 강사
Former Instructor of ELC, Ewha Womans University
연세대학교 국어국문학과 박사과정
ABD. in Korean Linguistics, Yonsei University

서효원 Hyo Won Seo
전 이화여자대학교 언어교육원 강사
Former Instructor of ELC, Ewha Womans University
한국외국어대학교 국어국문학과 박사 수료
ABD. in Korean Linguistics, Hankuk University of Foreign Studies